Bernd Wehren

SPORT – schnell griffbereit

Schwimmen

1.–4. Klasse

Bernd Wehren studierte die Fächer Deutsch, Mathematik, Sachunterricht und Sport auf Grundschullehramt von 1990 bis 1995 in Münster. Nach dem Referendariat in Bochum unterrichtete er an mehreren Grundschulen, heute ist er Lehrer an der Heinrich-Neuy-Grundschule in Steinfurt. Bernd Wehren veröffentlichte bereits mehrere Unterrichtshilfen und Arbeitsmaterialien.

Wir verwenden in unseren Werken eine genderneutrale Sprache, damit sich alle gleichermaßen angesprochen fühlen. Wenn keine neutrale Formulierung möglich ist, nennen wir die weibliche und die männliche Form. In Fällen, in denen wir aufgrund einer besseren Lesbarkeit nur ein Geschlecht nennen können, achten wir darauf, den unterschiedlichen Geschlechtsidentitäten gleichermaßen gerecht zu werden.

4. Auflage 2025

AAP Lehrerwelt GmbH
Veritaskai 3
21079 Hamburg
Telefon: +49 (0) 40325083-040
E-Mail: info@lehrerwelt.de

Geschäftsführung: Andrea Fischer, Sandra Saghbazarian
USt-ID: DE 173 77 61 42
Register: AG Hamburg HRB/126335

Autorschaft: Bernd Wehren
Covergestaltung: TSA&B Werbeagentur GmbH, Hamburg
Coverillustration: Claudia Bauer, Pinselstrich & Farbenspiel
Illustrationen: Renata Golaszewska, Alexander Erkens
Satz: Bittner Dokumedia, Hoisdorf; Überarbeitung: Satzpunkt Ursula Ewert GmbH, Bayreuth
Druck und Bindung: Esser printSolutions GmbH, Bretten

ISBN/Bestellnummer: 978-3-403-23216-2
www.persen.de

Inhaltsverzeichnis

1. Einleitung

Im Schwimmunterricht der Grundschule werden die Schüler zuerst ans Wasser gewöhnt. Vorrangig sollen sie Freude am Wasser durch Spiele und spielerische Übungen gewinnen. Im Idealfall lernen die Schüler die Schwimmstile Kraul-, Brust- und Rückenschwimmen sowie das Tauchen und Wasserspringen. Wichtig ist jedoch, dass jeder Schüler mindestens eine elementare Schwimmtechnik lernt und sich so im tiefen Wasser fortbewegen kann.

Vorab werden in diesem Büchlein im praktischen Hosentaschenformat Voraussetzungen, Infos sowie praktische Tipps für den Schwimmunterricht kurz und bündig beschrieben.
Nach den Hinweisen und einfachen Übungen zur Wassergewöhnung und -bewältigung folgen zahlreiche Spiele für das Nichtschwimmerbecken und Bildfolgen zu den Stilen Brust-, Kraul- und Rückenschwimmen. Auch Übungen zum Wasserspringen und Tauchen werden vorgestellt. Die in diesem Büchlein vorgestellten Schwimmübungen und Wasserspiele

- können in der Schwimmhalle und im Freibad durchgeführt werden,
- haben ein einfaches Regelwerk,
- haben auch teilweise keinen Gewinner oder Verlierer,
- können mit geringem Materialaufwand durchgeführt werden,
- motivieren „schwächere" Schüler,
- stärken die Gemeinschaft der Gruppe,
- sind schnell realisierbar und
- machen einfach Spaß.

Zur schnellen Orientierung finden Sie in den Kopfzeilen, welcher Bereich, welche Technik, Übung oder Spielform auf dieser Seite jeweils vorgestellt wird. Für ein besseres Verständnis sorgt der meist gleiche Seitenaufbau: auf jeder Seite ein bis zwei kurze, gut strukturierte Anleitungen und darunter einige Bilder, die zu den Anleitungen passen. Somit können Sie für einen angstfreien, spaßbetonten Schwimmunterricht sorgen, aber auch Schwimmstile, Tauchen und Wasserspringen Schritt für Schritt einführen bzw. vertiefen.

Viel Spaß mit diesem kleinen Schwimmbuch wünscht Ihnen und Ihren Schülern

Bernd Wehren

2. Wasserspiele-Olympiade

Bei der Durchführung einer Wasserspiele-Olympiade können Sie auf bekannte oder/und neue Spiele aus diesem Buch zurückgreifen. Schreiben Sie zuerst mit Bleistift 10 Spiele mit der entsprechenden Seitenzahl auf. Lassen Sie Ihre Schüler mitentscheiden und abstimmen, welche bekannten Spiele mit ins „Olympische Programm" aufgenommen werden sollen:

1. .... Seite ......
2. .... Seite ......
3. .... Seite ......
4. .... Seite ......
5. .... Seite ......
6. .... Seite ......
7. .... Seite ......
8. .... Seite ......
9. .... Seite ......
10. .... Seite ......

Planen Sie für die „Wasserspiele-Olympiade" eine Doppelstunde bzw. zwei Unterrichtsstunden ein. Zu Beginn erklären Sie, dass Sie ausschließlich die Regeleinhaltung bewerten. Die Schüler können eine bronzene (= braunes Papier), silberne (= graues Papier) oder goldene (= gelbes Kopierpapier) „Mini-Urkunde" erhalten.

3. Voraussetzungen, Infos und Tipps für den Schwimmunterricht

3.1 Voraussetzungen des Schwimmlehrers

Um als Schwimmlehrer in der Grundschule tätig sein zu dürfen, müssen Sie in den meisten Bundesländern diese Voraussetzungen erfüllen:

1. Sie müssen im Besitz des Deutschen Rettungsschwimmabzeichens (Bronze) oder des Deutschen Schwimmabzeichens (Bronze) sein.
2. Sie müssen die Rettungsfähigkeit besitzen. Dazu gehören:
   a) von der Wasseroberfläche aus einen etwa 5 kg schweren Gegenstand vom Beckenboden (aus 2 bis 3 m Wassertiefe) heraufholen und zum Beckenrand bringen können,
   b) ca. 10 m weit tauchen können,
   c) Umklammerungen durch in Gefahr geratene Personen entweder vermeiden oder sich aus diesen lösen können,
   d) einen etwa gleich schweren Menschen mittels Kopf- oder Achselschleppgriff ca. 15 m weit schleppen und an Land bringen können und
   e) lebensrettende Sofortmaßnahmen ergreifen können.

Diese Rettungsfähigkeit ist Voraussetzung für die Aufsicht der Schüler beim Schwimmen sowie für das Erteilen von Schwimmunterricht in allen Schwimmbecken.

Wichtig: Nach 2-4 Jahren sollte die Rettungsfähigkeit in vielen Bundesländern aufgefrischt werden. Erkundigen Sie sich beim Schwimmmeister nach Kursen oder machen Sie eine Lehrerfortbildung.

Genaue Infos zu den Voraussetzungen des Schwimmlehrers finden Sie in den Lehrplänen Sport der jeweiligen Bundesländer und unter www.dlrg.de.

3.2 Aufsichtsführung und Unfallverhütung

Aufsichtsführung

Grundsätzlich gilt auch im Schwimmunterricht wie im sonstigen Sportunterricht die verantwortliche Zuständigkeit einer Lehrkraft je Lerngruppe (vgl. auch die jeweiligen Schulordnungen der einzelnen Bundesländer).
Die Anwesenheit weiterer Personen (z. B. Schwimmmeister oder Elternteil) entbindet Sie nicht von ihrer Aufsichtspflicht.
Sie müssen Ihren Platz so wählen, dass Sie alle im Wasser befindlichen Schüler sehen können.
Halten Sie sich nicht gleichzeitig mit Ihren Schülern im Wasser auf (Ausnahmen: aus wichtigen pädagogischen bzw. methodischen Gründen).
Beaufsichtigen Sie Ihre Schüler allein, so unterrichten Sie diese im Lehrschwimmbecken, im Nichtschwimmerteil eines Schwimmbeckens oder im Nichtschwimmerbecken.
Nichtschwimmerinnen bzw. Nichtschwimmer dürfen sich nur im Lehrschwimmbecken oder im Nichtschwimmerteil eines Schwimmbeckens aufhalten, in dem sie ungefährdet in höchstens brusttiefem Wasser stehen können und das deutlich vom Schwimmerteil abgegrenzt ist.
Ein ausreichender Abstand vom Begrenzungsseil zum Schwimmerbereich ist einzuhalten.
Einzelbeaufsichtigung ist erforderlich, wenn Schüler lernen sollen, im tiefen Wasser frei zu schwimmen, und beim Strecken- und Tieftauchen.
Sie können weitere Personen (z. B. Eltern), die rettungsfähig bzw. im Besitz des Deutschen Rettungsschwimmabzeichens (Bronze) oder des Grundscheins der Deutschen Lebens-Rettungs-Gesellschaft sind, an der Gestaltung des Schwimmunterrichts beteiligen.

Unfallverhütung

Um Unfälle zu vermeiden, sollten Sie diese goldenen Regeln beachten bzw. den Schülern vermitteln:

1. Schüleranzahl vor und nach dem Schwimmunterricht, aber auch vor dem Verlassen der Schwimmhalle zählen.

2. Rennen ist verboten! Tipp: Stets über das Plastikabflussgitter am Beckenrand gehen.

3. Zu Beginn der ersten Schwimmstunde alle Schüler im Nichtschwimmerbecken vorschwimmen lassen. Schüler in z.B. Delfine (= Nichtschwimmer) und Wale (= Schwimmer) einteilen und Namen aufschreiben.

4. Die Schüler müssen stets Ihren Anweisungen folgen (Betreten der Schwimmhalle, Verhalten in der Schwimmhalle, Kabine und im Duschraum, Bus, Sprunggebote, Tauchgebote, Mitschüler untertauchen oder schubsen sind verboten usw.)!

5. Die Schüler müssen sich stets abmelden und wieder anmelden, wenn sie z.B. zur Toilette gehen.

6. Rutschregeln besprechen (Abstand wahren, leise rutschen, keinen Stau in der Rutsche verursachen, Auffangbecken sofort verlassen usw.).

7. Regeln beim Wasserspringen besprechen (normaler Badebetrieb findet nicht statt, Wasserfläche muss vor dem Sprung frei sein, Wassertiefe mindestens 1,80 m, Eintauchstelle zügig verlassen, zur richtigen Seite hinausschwimmen).

8. Sie positionieren sich außerhalb des Schwimmbeckens so, dass Sie alle Schüler im Blick haben, vor allem beim Tauchen, Rutschen, Wasserspringen und (ersten) Schwimmen im Schwimmerbereich.

9. Wenn ein Hubboden verstellt wird, befindet sich niemand im Wasser!

10. Tiefe Wasserstellen immer durch eine Leine vom Nichtschwimmerbereich trennen.

Sollte ein Schüler gegen die Regeln verstoßen, sollten Sie angemessen reagieren: z.B. einige Minuten auf der Bank pausieren bis hin zum völligen Ausschluss von der restlichen oder/und nächsten Schwimmstunde. Erklären Sie dem Schüler die Bestrafung.

Denn im Schwimmunterricht können Regelverstöße gravierende Folgen für den Schüler oder Mitschüler, aber auch für Sie haben!

3.3 Baderegeln, Selbst- und Fremdrettung

Baderegeln

Die folgenden Baderegeln (und die Möglichkeiten der Selbst- und Fremdrettung) müssen die Schüler kennen, erklären (und zeigen können), um das Deutsche Jugendschwimmabzeichen in Bronze, Silber oder Gold zu erwerben.
Sie können die Baderegeln und die Möglichkeiten der Selbst- und Fremdrettung für Ihre Schüler und Klasse kopieren. Tipp: Bei der Abfrage der Baderegeln empfiehlt es sich, zuerst mit den Prüflingen die Baderegeln noch einmal zu besprechen. Erst danach fragen Sie die Baderegeln einzeln ab.

1. Gehe als Nichtschwimmer nur bis zur Brust ins Wasser!

2. Bei Gewitter ist Baden lebensgefährlich! Verlasse sofort das Wasser!

3. Achte auf die Wassertemperatur! Kühle dich ab, bevor du ins Wasser gehst. Verlasse das Wasser sofort, wenn du frierst!

4. Nimm Rücksicht auf andere Badende, besonders auf andere Schüler und ältere Menschen!

5. Rufe nie um Hilfe, wenn du nicht wirklich in Gefahr bist. Hilf aber anderen, wenn Hilfe Not tut!

6. Springe nur, wenn das Wasser unter dir tief genug und frei ist!

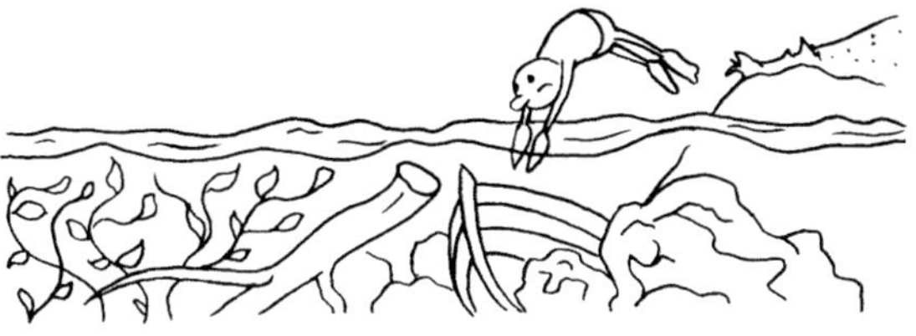

7. Bade nicht mit vollem Magen!

8. Springe nicht erhitzt ins Wasser! Vermeide daher lange Sonnenbäder.

9. Tauche nicht bei Trommelfellschaden.

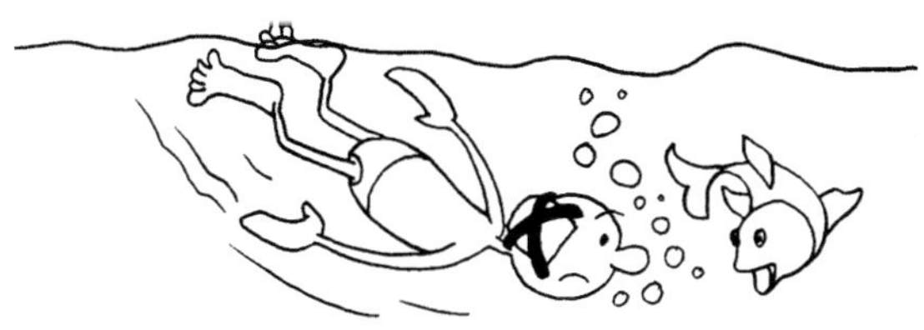

10. Schwimme nicht, wenn du krank bist oder dich nicht wohl fühlst!

11. Beachte Begrenzungen (z. B. Leinen)!

12. Bleibe weg von Wasserfahrzeugen!

13. Schwimme nie im Bereich von Sprungbrettern!

14. Trockne dich nach dem Baden ab! Ziehe trockene Kleidung an.

15. Schwimme als Nichtschwimmer nie mit Luftmatratzen oder Schwimmreifen im tiefen Wasser!

16. Schwimme in offenen Gewässern nie lange Strecken!

17. Meide Sumpf- und Wasserpflanzen!

18. Wassersport, Drogen, Nikotin und Alkohol gehören nicht zusammen!

Möglichkeiten der Selbstrettung:

Selbstrettung bei Erschöpfung und Krämpfen:

- Verhalte dich ruhig und besonnen.
- Rückenlage (Seestern): Atme kontrolliert ein und aus.
- Rufe laut und deutlich um Hilfe!
- Gib deutliche Handzeichen.
- Beachte: Der verkrampfte Muskel muss gedehnt werden!
- Wechsel der Körperlage.
- Dehne deine Muskulatur, bis der Krampf sich löst.
- Versuche, den Beckenrand zu erreichen, sonst in die Rückenlage wechseln.

So löst du den Krampf:

- Wadenkrampf: Fasse die Fußspitze an und ziehe sie zum Körper.
- Fußkrampf: Entweder massierst du den Fuß oder du ziehst die Fußspitze zum Körper.
- Oberschenkelkrampf: Fasse den Unterschenkel am Fußgelenk und drücke gegen den Oberschenkel.

Einbruch in geschlossene Eisdecke:

- Gerate nicht unter das Eis!
- Bewahre Ruhe und rufe um Hilfe.
- Wenn das Eisloch klein genug ist, kannst du dich mit den Füßen am gegenüberliegenden Rand abstoßen und mit dem Bauch oder Rücken flach auf das Eis in Richtung Ufer schieben.
- Ziehe die Kleidung nicht aus, da sie etwas Wärmeschutz bietet.
- Robbe auf gleichem Weg, auf dem du gekommen bist, wieder zurück.

Möglichkeiten der Fremdrettung:

Es ist Pflicht, einem in Not geratenen Menschen zu helfen!

1. Hole Hilfe: Schwimmmeister, Erwachsene, Notruf 112 oder 110.

2. Die Rettung eines Ertrinkenden erfolgt am besten vom Ufer (Beckenrand) aus oder mit einem Boot.

3. Ist eine Rettung durch Schwimmen nicht zu umgehen, schwimme mit schwimmfähigen Hilfsmitteln an, die dem Ertrinkenden zugeworfen werden: Schwimmbrett, Schwimmnudel, dicker Ast, Bretter, Kanister.
   Vermeide den direkten Körperkontakt mit dem Ertrinkenden, denn er kann dich mit unter Wasser ziehen.

4. Unterlasse eine Rettung durch Schwimmen, wenn die Verhältnisse den Versuch aussichtslos erscheinen lassen. Hole dann schnell Hilfe!

3.4 Schwimmabzeichen

Frühschwimmerabzeichen „Seepferdchen":

a) Sprung vom Beckenrand und 25 m Schwimmen in beliebigem Schwimmstil
b) einen Gegenstand mit den Händen aus schultertiefem Wasser herausholen

Deutsches Jugendschwimmabzeichen in Bronze:

a) Sprung vom Beckenrand und mindestens 200 m Schwimmen in höchstens 15 Minuten
b) Herausholen eines Gegenstandes aus ca. 2 m tiefem Wasser
c) Sprung aus 1 m Höhe oder Startsprung
d) Kenntnis der Baderegeln

Deutsches Jugendschwimmabzeichen in Silber:

a) Startsprung und mindestens 400 m Schwimmen in höchstens 25 Minuten (300 m Bauch- und 100 m Rückenlage)
b) zweimal Heraufholen eines Gegenstandes aus 2 m tiefem Wasser
c) 10 m Streckentauchen
d) Sprung aus 3 m Höhe
e) Kenntnis der Baderegeln und der Selbstrettung

Deutsches Jugendschwimmabzeichen in Gold:

a) 600 m Schwimmen in höchstens 24 Minuten
b) 50 m Brustschwimmen in höchstens 70 Sekunden
c) 25 m Kraulschwimmen
d) 50 m Rückenschwimmen mit Grätschschwung ohne Armtätigkeit oder 50 m Rückenkraulschwimmen
e) Tieftauchen von der Wasseroberfläche (drei Tauchringe aus ca. 2 m tiefem Wasser in 3 Minuten bei maximal 3 Tauchversuchen)
f) 15 m Streckentauchen
g) Sprung aus 3 m Höhe
h) 50 m Transportschwimmen (Schieben oder Ziehen)
i) Kenntnis der Baderegeln
j) Kenntnis über Hilfe bei Bade-, Boots- und Eisunfällen (Selbstrettung, einfache Fremdrettung)

Quelle und weitere Infos: www.dlrg.de

3.5 Tipps und organisatorische Vorbereitungsmaßnahmen

Allgemeine Tipps rund um den Schwimmunterricht:

- Die Schwimmkleidung besteht aus Badehose oder Badeanzug.
- Der Weg zum Bus oder zum Schwimmbad sollte mehrfach geübt werden.
- Zählen Sie die Schüler.
- Jeder Schüler sollte in der Umkleidekabine genug Platz zum An- und Ausziehen haben. Achten Sie dabei auch darauf, dass die Schüler ihre Kleidung ordentlich auf die Bank legen, damit sie nicht auf den nassen Boden fallen.
- Uhren und Schmuck werden abgelegt!
- Lange Haare sollten mit Haarbändern zusammengebunden werden, besser ist eine Badekappe.
- Zeigen Sie den Schülern die Duschräume und die Toiletten.
- Wer umgezogen ist, wartet, bis Sie mit allen Schülern die Schwimmhalle betreten.
- Treffen Sie sich mit den Schülern auf einer Bank.
- Niemand geht ohne Ihre Erlaubnis ins Wasser!
- Besprechen Sie die wichtigsten Baderegeln.
- Achten Sie von Beginn an auf konsequente Regeleinhaltung!
- Lassen Sie jeden Schüler im Nichtschwimmerbecken vorschwimmen.
- Lassen Sie Ihre Schüler beim Holen von Geräten (Schwimmbretter, -nudeln,- bälle usw.) mithelfen.
- Trainieren Sie mit ihnen den Gerätetransport bzw. das Holen der Geräte.
- Beenden Sie jede Schwimmstunde in Ruhe und lassen Sie die Schüler sich zu zweit aufstellen und in die Duschräume und Kabinen gehen, nicht rennen.

Bei allen genannten Tipps helfen Ihnen die nachfolgenden Regeln.

Regeln: Verbote und Gebote im Schwimmunterricht!

1) Wir holen in Ruhe unsere Schwimmbeutel und stellen uns an der vereinbarten Stelle leise auf.

2) Wir flüstern während der Busfahrt.

3) Wir ziehen uns zügig und leise in der Umkleidekabine um.

4) Wir legen Uhren und Schmuck ab, damit wir niemanden verletzen.

5) Wir binden lange Haare mit einem Haarband zusammen oder setzen eine Badekappe auf.

6) Wir gehen stets langsam und rennen nicht.

7) Wir dürfen die Schwimmhalle erst betreten, wenn der Lehrer es erlaubt.

8) Wir gehen ohne Erlaubnis nicht ins Wasser.

9) Wir achten auf die Zeichen des Lehrers!
Bei Gesprächen sind wir leise!
Wir hören dem Lehrer oder den Mitschülern zu!

10) Wir melden uns ab, wenn wir zur Toilette gehen.

11) Wir springen nicht ohne Erlaubnis des Lehrers vom Beckenrand.

12) Wir schubsen nicht und drücken niemanden unter Wasser.

Elternbrief

Vor Beginn des Schwimmunterrichts ist es wichtig, die Eltern zu informieren, den Ablauf zu erklären und Schwimmvoraussetzungen abzufragen. Beachten Sie, dass die Informationen von den Eltern nur einen ersten Eindruck vermitteln. Sie müssen z.B. die Schwimmfähigkeit im Nichtschwimmerbecken überprüfen!
Sie können diesen Brief als Vorlage für einen eigenen Brief nutzen:

Liebe Eltern der Klasse ....,

Ihr Kind hat in diesem Schuljahr/Schulhalbjahr Schwimmunterricht. Bitte üben Sie mit Ihrem Kind das zügige An- und Ausziehen der Kleidung und das Föhnen der Haare.
Zur Schwimmkleidung, Busfahrt, zum erwarteten Verhalten im Schwimmbad, Ablauf und zu den Inhalten:

....

....

Bitte geben Sie Ihrem Kind den unteren Abschnitt unterschrieben mit.
Mit freundlichem Gruß

--✂----------------

Name des Schülers:..

Unterschrift: ....

Unser Kind hat...

☐ kein Schwimmabzeichen. ☐ das Seepferdchen.
☐ das Bronze-Abzeichen. ☐ das Silber-Abzeichen.
☐ das Gold-Abzeichen.

Hinweise zur Schwimmfähigkeit oder Sonstiges:

....

Schwimmkleidung

Badehose, Badeanzug und Badekappe:

Mädchen tragen am besten einen Schwimmanzug mit möglichst fest gekreuzten Trägern.

Jungen tragen am besten eine eng sitzende Badehose mit Band im Bündchen. Die Schüler sollten keine schlabbrige Schwimmbekleidung wie Boxershorts, Bikinis o.ä. tragen. Dies ist beim Schwimmen unbequem, erschwert die Schwimmbewegung und macht langsam.

Schüler mit langen Haaren sollten eine Badekappe tragen. Es ist sinnvoll, die Haare vor dem Überziehen der Badekappe mit einem Haargummi zu einem Zopf zu binden.

Grundschüler der 1. oder 2. Klassen brauchen keine Chlorbrillen. Grundschüler der 3. oder 4. Klassen sollten Chlorbrillen tragen, da bei ihnen der Schwerpunkt auf dem Lernen und Üben von Schwimmstilen liegt, während er bei den jüngeren Schülern eher auf der Wassergewöhnung, dem Anfängerschwimmen und dem Spielen im Wasser liegt.

Neben einem Handtuch können die Schüler evtl. auch Badeschlappen und einen Föhn mitnehmen. Auf Duschzeug sollte zuerst verzichtet werden, da das Einseifen und Abduschen zu lange dauert und den eigentlichen Schwimmunterricht unnötig verkürzt.

Der Lehrer oder die Lehrerin trägt am besten dies: Badehose oder kurze Sporthose bzw. Badeanzug mit kurzer Sporthose, T-Shirt und Badeschlappen.

Bei der Teilnahme von muslimischen Schülerinnen am Schwimmunterricht sollte mit der Schulleitung und den Eltern abgesprochen werden, welche Schwimmkleidung die Mädchen tragen sollen oder dürfen, evtl. einen Badeanzug mit hoch geschlossenem Kragen und fest sitzender Kopfbedeckung (sog. Burkini).

Busfahrt, An- und Ausziehen, Verhalten in der Kabine und Dusche

Nachdem sich die Schüler zu zweit in der Schule aufgestellt und Sie die Schüleranzahl gezählt haben, gehen Sie zum Bus – Sie voran und der zweite Lehrer bzw. ein Elternteil hinten. Im Bus schnallen sich die Schüler – wenn möglich – an. Setzen Sie sich hinten hin. Erklären Sie vor der Abfahrt nun laut und deutlich die Busregeln:

- Wir flüstern!
- Wir bleiben auf unseren Plätzen sitzen!

Achten Sie nach der Ankunft darauf, vergessene Schwimmbeutel im Bus einzusammeln, während sich die Schüler an einem verabredeten Treffpunkt aufstellen.

Gehen Sie wieder voran. Nach Betreten des Schwimmbades erinnern Sie die Schüler an schnelles und leises Umziehen. Wenn alle Jungen fertig sind, geht der Lehrer/Vater mit ihnen zu den Duschen – analog dazu die Mädchen mit der Lehrerin/Mutter. Die Schüler duschen sich leise ab.

Wichtig: Die Schüler dürfen die Schwimmhalle erst betreten, wenn Sie es erlauben!

Nach dem Schwimmunterricht stellen sich die Schüler in der Schwimmhalle zu zweit auf und Sie zählen die Schüleranzahl. Nach dem Anziehen und Föhnen schauen Sie in den Kabinen nach vergessenen Dingen und restlichen Schülern. Zählen Sie am Ausgang letztmalig die Schüleranzahl und gehen dann gemeinsam zum Bus. Im Bus erinnern Sie wieder an die Busregeln.

In der Schwimmhalle

Als Voraussetzung für den Schwimmunterricht in Hallen- und Freibädern muss gewährleistet sein, dass in dem Schwimmbecken nicht gleichzeitig öffentlicher Badebetrieb stattfindet. Werden mehrere Lerngruppen in einem Schwimmbecken unterrichtet, sollte der Unterricht in der Regel in abgegrenzten Bereichen durchgeführt werden.

Jeweils vor Beginn einer Unterrichtseinheit im Schwimmen müssen Sie sich über die Sicherheits- und Rettungsvorkehrungen und über die Badeordnung der jeweiligen Schwimmstätte informieren.

Informieren Sie die Schüler über die Gefahren, Vorsichtsmaßnahmen und Baderegeln.

Sie und weitere Aufsicht führende Personen müssen während des Schwimmunterrichts Schwimm- oder Sportbekleidung tragen.

Überprüfen Sie die Vollzähligkeit der Lerngruppe jeweils

a) vor dem Betreten der Schwimmstätte,
b) unmittelbar nach dem Verlassen des Schwimmbeckens (in der Regel vor dem Umkleiden) und
c) vor dem Verlassen der Schwimmstätte.

4. Wassergewöhnung und Wasserbewältigung

Vor der ersten Schwimmstunde ist es sinnvoll, bereits im normalen Deutschunterricht mit den Schülern über die Schwimmerfahrungen, Baderegeln, aber auch Ängste zu sprechen.
Verabreden Sie mit ängstlichen oder wasserscheuen Schülern einige Maßnahmen, z.B.: „Du darfst erst zuschauen. Du darfst auf der Treppe des Nichtschwimmerbeckens bleiben. Ich stehe immer in deiner Nähe, wenn du ins Wasser gehst. Du darfst Schwimmflügel mitnehmen. Ich gebe dir eine Schwimmnudel. Du darfst immer eine Pause machen." Zwingen Sie ängstliche oder wasserscheue Schüler niemals zum Schwimmen! Lassen Sie diesen Schülern Zeit, sich an das Element Wasser zu gewöhnen. Loben Sie auch kleine Lernfortschritte.
Bevor die Schüler ins Nichtschwimmerbecken gehen, sollten Sie es mit einer Trennleine in der Mitte teilen. Da die Wassertiefe größer wird, je weiter die Schüler ins Wasser gehen, ist so gewährleistet, dass auch bei kleinen Schülern das Wasser max. bis zur Schulter reicht.
Ab der ersten Schwimmstunde müssen sich Schwimmanfänger zuerst an das Wasser **gewöhnen** und es anschließend **bewältigen**. Dies ist eine wichtige Phase vor dem Beginn der Vermittlung der Schwimmtechniken, da Ängste abgebaut, Freude am Wasser aufgebaut und die Grundlagen für das Lernen der Schwimmstile gelegt werden.
Unter **Wassergewöhnung** wird das Kennenlernen, Erleben und Gewöhnen an die Eigenschaften des Wassers verstanden. Die Schüler müssen sich mit Kälte, Widerstand, Druck und Auftrieb vertraut machen. Sie lernen durch Laufen, Hüpfen und Springen, sich im Wasser zu bewegen und sich an Spritzwasser zu gewöhnen. Sie lernen mit dem Kopf unterzutauchen, die Augen unter Wasser zu öffnen, unter Wasser auszuatmen und in Bauch- und Rückenlage im Wasser zu schweben und sich wieder aufzurichten. Dann üben die Schüler auf- und abzutauchen sowie durch das Wasser zu gleiten und zu springen.

Einfache Wassergewöhnungsübungen in knie- oder brusttiefem Wasser:

1. Die Schüler wandern gemeinsam im Kreis unter Duschen her.

2. Die Schüler setzen sich auf die oberste Treppenstufe und dann immer eine Stufe tiefer.

3. Die Schüler gehen über die Treppe, Leiter und den Beckenrand in das Wasser.

4. Die Schüler fassen sich an die Hände und gehen gemeinsam durch das Wasser (evtl. mit geschlossenen Augen).

5. Die Schüler gehen auf verschiedene Arten durch das Wasser: stampfen, hüpfen, vorwärts, rückwärts, seitwärts, schnell, langsam, mit Armkreisen.

6. Die Schüler waschen mit Wasser ihr Gesicht.

7. Die Schüler lassen Wasser über Kopf und Gesicht laufen.

8. Die Schüler legen die Wangen und ihr Gesicht auf das Wasser.

9. Die Schüler spritzen sich mit geschlossenen Augen gegenseitig mit Wasser an.

10. Die Schüler springen von der untersten Treppenstufe ins Wasser.

11. Die Schüler atmen knapp über und unter der Wasseroberfläche aus.

12. Die Schüler pusten z.B. Tischtennisbälle auf der Wasseroberfläche vor sich her.

13. Die Schüler blubbern an und unter der Wasseroberfläche.

14. Die Schüler schreien, sagen ihren Namen, singen ein Lied unter Wasser.

15. Die Schüler atmen unter Wasser langsam aus.

16. Die Schüler tauchen unter Nudel, Brett oder Arm eines Partners her.

17. Die Schüler machen Liegestütz in Brust- und Rückenlage auf der Treppe.

18. Die Schüler halten sich am Beckenrand fest, tauchen mit dem Kopf unter, strecken sich in Bauch- und Rückenlage, stoßen sich vom Beckenrand ab und gleiten.

19. Die Schüler hocken die Beine an und drehen sich durch Paddelbewegungen um die eigene Achse.

20. Die Schüler tauchen unter Wasser und setzen sich im Schneidersitz, legen sich mit dem Bauch oder Rücken auf den Boden.

Wenn sich die Schwimmanfänger an das Wasser gewöhnt haben, üben sie das Wasser zu bewältigen.

Wasserbewältigung ist die Fähigkeit, die Eigenschaften des Wassers zu beherrschen und sie für die eigene Fortbewegung zu nutzen:

Die Schüler erfahren, nutzen und widerstehen dem Auftrieb (sich vom Wasser tragen lassen, gleiten und abtauchen können).

Sie nutzen den Wasserwiderstand zur Fortbewegung (sich vom Wasser abdrücken und sich fortbewegen).

Die Schüler lernen einfache Sprünge kennen, hauptsächlich Fußsprungvarianten.

Zu den Schwerpunkten der Wasserbewaltigung gehören:

a) Tauchen

b) Springen

c) Atmen

d) Schweben

e) Gleiten

Wichtig: Bevor Sie mit Ihren Schülern mit dem Anfängerschwimmen beginnen, sollten die Schüler die Übungen auf den folgenden zwei Seiten zum größten Teil beherrschen!

Einfache Wasserbewältigungsübungen in brust- oder schultertiefem Wasser:

1. Die Schüler sollen sich im Stand groß und klein machen und dabei immer tiefer abtauchen.

2. Die Schüler zählen die gezeigten Finger des Partners unter Wasser.

3. Die Schüler treiben einen Wasserball mit dem Kopf über das Wasser.

4. Die Schüler tauchen nach Gegenständen (Ringe, Stäbe usw.).

5. Die Schüler tauchen durch mehrere Hindernisse hintereinander (mit Atempausen).

6. Die Schüler machen eine Rolle vorwärts oder rückwärts.

7. Die Schüler springen aus dem Hockstand ins Wasser.

8. Die Schüler machen Fußsprünge aus dem Stand ins Wasser.

9. Die Schüler machen Delfinsprünge im Wasser.

10. Die Schüler machen Gleitsprünge von der Treppe ins Wasser.

11. Die Schüler sollen über Wasser einatmen und durch Nase/ Mund unter Wasser ausatmen.

12. Die Schüler sollen in einer Kleingruppe abwechselnd tauchen.

13. Die Schüler sollen bei der Teilkörperschwebe den Körper zum Teil (z.B. im Liegestütz mit den Armen) abstützen.

14. Die Schüler sollen beim Übergang zur Ganzkörperschwebe die Stützen allmählich abbauen.

15. Die Schüler legen sich in Rücken- oder Bauchlage auf das Wasser: Schweben als „Seestern“ oder als „Qualle“.

16. Die Schüler gleiten in Bauch- und Rückenlage zum Beckenrand mit zunehmendem Abstand.

17. Die Schüler schieben einen Partner an den Füßen durch das Becken.

18. Die Schüler stoßen sich aus der Schrittstellung vom Beckenrand ab.

5. Bildfolgen und Übungen zu den Schwimmstilen

5.1 Brustschwimmen

Der Brustarmzug:
Der Brustarmzug sollte zuerst außerhalb des Wassers, am Beckenrand geübt werden. Sie können die Pfeile auf ein A3-Blatt nachzeichnen, mehrfach kopieren und dann laminieren, sodass mehrere Schüler den Brustarmzug üben können. Die Schüler beugen den Oberkörper über die Zeichnung und fahren in der Luft die Bewegung in Pfeilrichtung nach. Danach üben die Schüler in Bauchlage am Beckenrand oder/und im Nichtschwimmerbecken.

1.

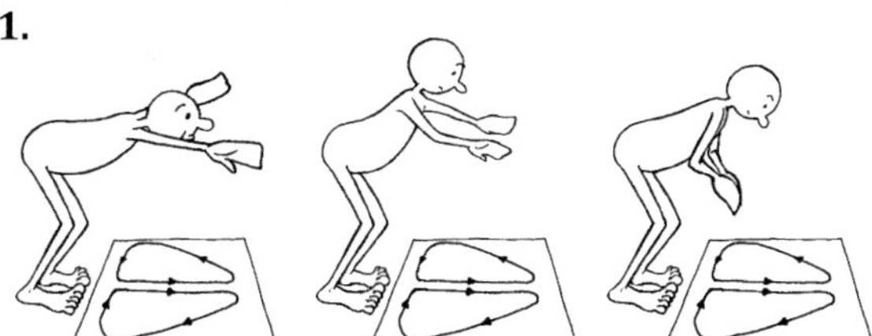

2.

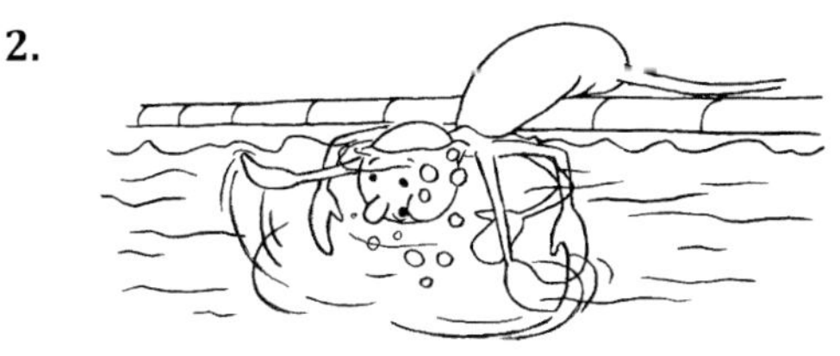

Schritt für Schritt können die Schüler den Brustarmzug im Nichtschwimmerbecken üben:

1. auf einer Treppenstufe sitzend oder an der Beckenwand hockend :

2. im Wasser gehend:

3. im Wasser mit Partner:

4. im Wasser mit Pull Buoy:

Der Brustbeinschlag:

Der Brustbeinschlag sollte zuerst auf einer Bank geübt werden. Sie können die Pfeile auf ein A3-Blatt nachzeichnen, mehrfach kopieren und dann laminieren, sodass mehrere Schüler den Brustbeinschlag üben können. Die Schüler halten die Füße über die Zeichnung, fahren in der Luft die Bewegung in Pfeilrichtung nach und sprechen dabei: „Beugen-auseinander-zusammen-beugen-auseinander-zusammen".

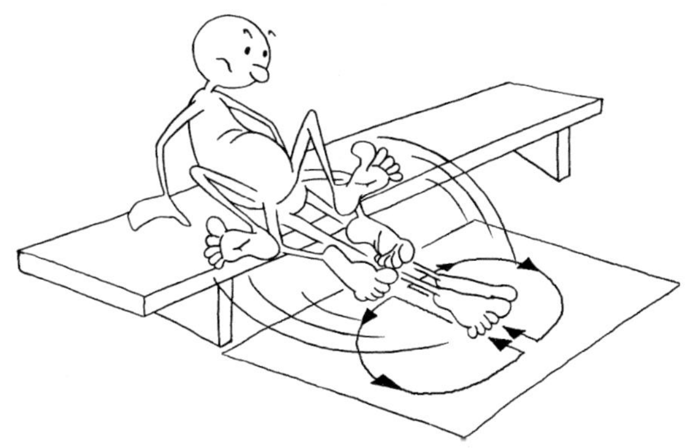

Schritt für Schritt können die Schüler den Brustbeinschlag im Nichtschwimmerbecken üben:

1. auf einer Treppenstufe mit Partner:

2. im Wasser in Rückenlage mit Partner:

3. im Wasser in Bauchlage mit Partner:

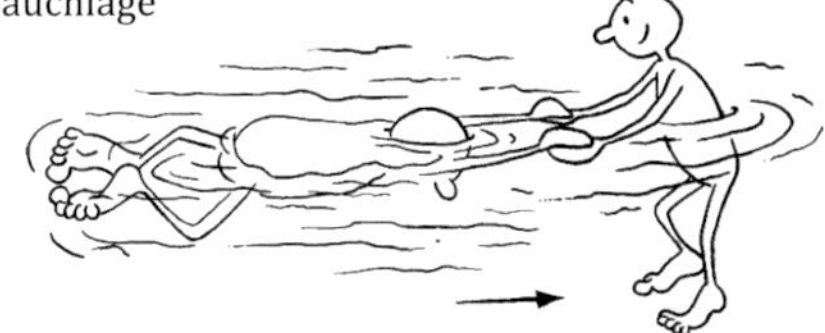

Nach der Partnerübung können die Schüler den Brustbeinschlag im Nichtschwimmerbecken mit einem Schwimmbrett üben:

1. im Wasser in Rückenlage:

2. im Wasser in Bauchlage:

Die Atmung beim Brustschwimmen:

1. Das Ausatmen unter Wasser erfolgt in der Zugphase des Armzuges.
   Beim Ausatmen zeigt das Gesicht zum Grund. Der Kopf ist nicht vollständig eingetaucht. Der Hinterkopf ragt aus dem Wasser.

2. Das Einatmen erfolgt in der Druckphase des Armzuges. Zum Einatmen wird der Kopf im Nacken gebeugt und der Mund so aus dem Wasser gehoben.

Tipp: Als Vorübung können die Schüler mit einem Schwimmbrett zwischen den gestreckten Armen (ohne Brustarmzug), mit Pull Buoys zwischen den Oberschenkeln (ohne Brustbeinschlag) oder/und mit Nudel längs unterhalb des Körpers durch das Becken schwimmen und den Atemrythmus üben.

Gesamtbewegung:

Die Schüler stehen im Nichtschwimmerbecken nebeneinander am Beckenrand. Jeder 2. oder 3. Schüler stößt sich mit den Füßen von der Wand ab. Nach der gestreckten Gleitphase schwimmen die Schüler mit der Brustschwimmtechnik durchs Becken.

Wichtig:
a) Arme ziehen, Beine beugen
b) Beine schlagen, Arme strecken.

Anschließend können die sicheren Brustschwimmer im Schwimmerbecken unter Ihrer Aufsicht üben.

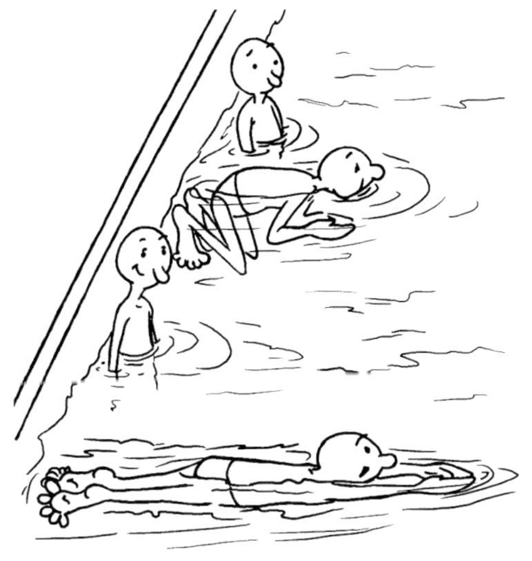

Gesamtbewegung von oben:

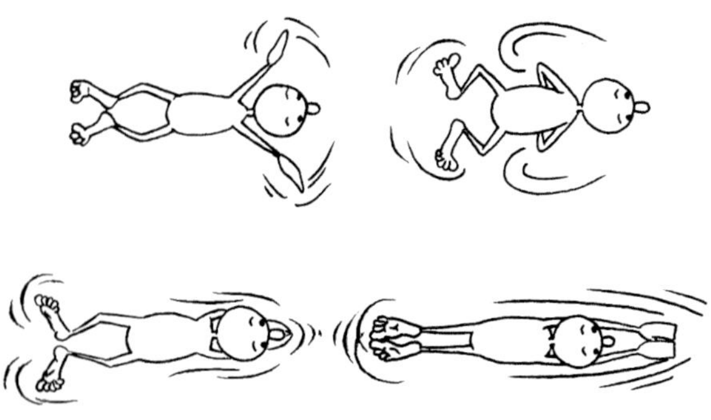

Tipp: Als Vorübung können die Schüler auch hier mit einem Schwimmbrett zwischen den gestreckten Armen (ohne Brustarmzug), mit Pull Buoys zwischen den Oberschenkeln (ohne Brustbeinschlag) oder/und mit Nudel längs unterhalb des Körpers durch das Becken schwimmen.

Fehler beim Brustschwimmen:

a) Die Arme sind zu Beginn der Zugphase nicht komplett gestreckt.
b) Die Hände stehen in ihrer Antriebsphase nicht senkrecht zur Schwimmrichtung.
c) Ellbogen werden zu weit nach hinten geführt.
d) Die Knie werden zu weit bzw. unterhalb des Bauches gezogen.
e) Der Kopf wird zum Atmen zu früh und zu sehr angehoben.
f) Die Schwimmlage ist zu steil.
g) Die Beinbewegungen sind asymmetrisch („Schere").
h) Die Beinbewegung wird nicht beendet (Das Schließen der Füße fehlt).

5.2 Kraulschwimmen

Der Kraularmzug:

Der Kraularmzug sollte zuerst außerhalb des Wassers, anschließend im Nichtschwimmerbecken geübt werden. Sie können die Zeichnung unten größer kopieren und dann laminieren, sodass mehrere Schüler den Kraularmzug selbstständig üben können. Die Schüler beugen den Oberkörper nach vorne, wobei der Rücken gerade ist. Abwechselnd bewegen die Schüler die Arme: Arm weit vorstrecken, Ellbogen beugen, Arm in einer Schlangenlinie neben und unter dem Oberkörper vorbei nach hinten ziehen. Ellbogen heben und den Arm an der Seite des Oberkörpers vorbei nach vorne führen, während der andere Arm unter dem Oberkörper nach hinten gezogen wird.

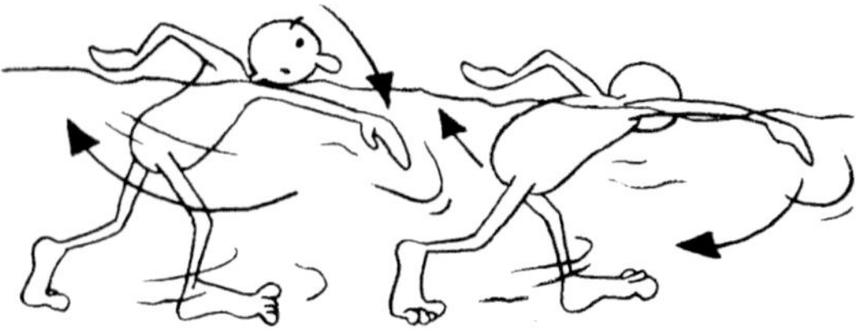

Tipp: Beim Kraularmzug im Gehen kann auch gleichzeitig das Ein- und Ausatmen geübt werden (siehe Seite 47).

Schritt für Schritt können die Schüler den Kraularmzug im Nichtschwimmerbecken üben:

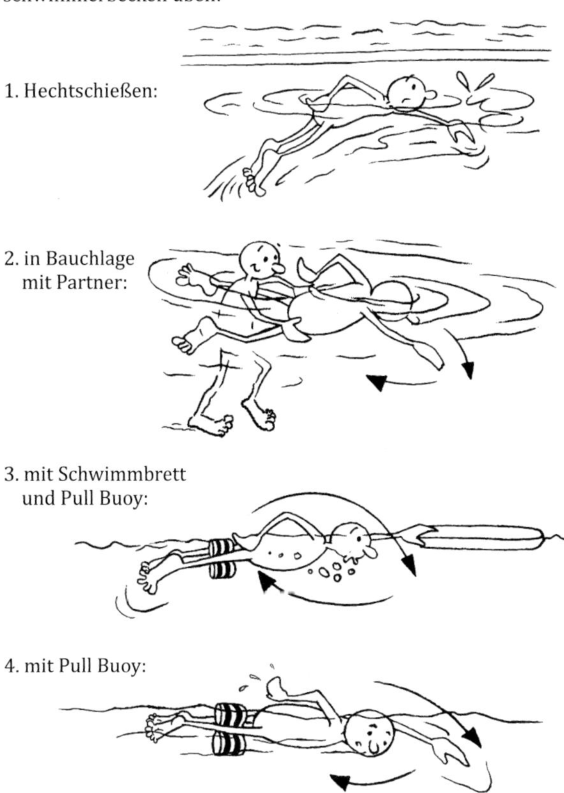

Der Kraulbeinschlag:

Der Kraulbeinschlag sollte zuerst auf einer Bank, anschließend auf dem Beckenrand sitzend geübt werden. Dabei sind die Beine und die Hüfte gestreckt. Die Hände sind hinten aufgestützt. Die Beine werden abwechselnd auf und ab bewegt, wobei die Füße leicht gestreckt und nach innen gedreht locker mitschwingen. Knie sind nur leicht gebeugt: kein Fahrrad fahren!

Schritt für Schritt können die Schüler den Kraulbeinschlag im Nichtschwimmerbecken üben:

1. am Beckenrand festhaltend:

2. in Rückenlage mit Partner:

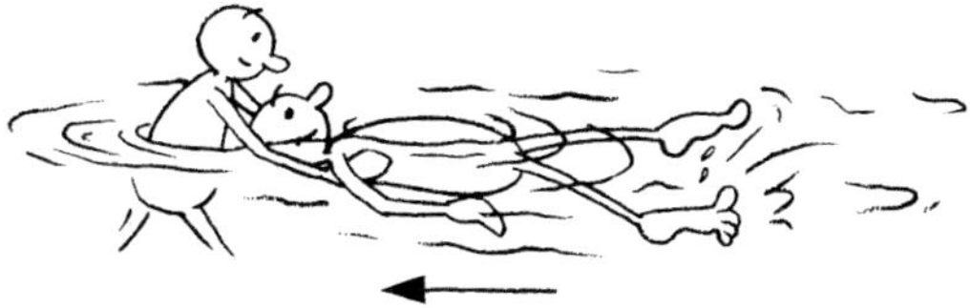

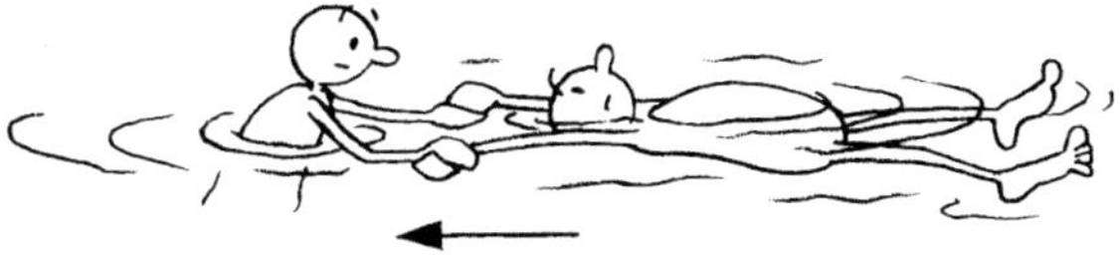

3. in Bauchlage mit Partner:

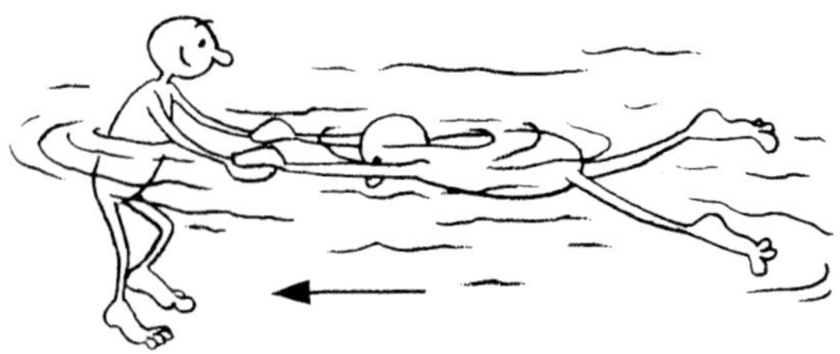

4. in Bauchlage mit Schwimmbrett:

Atmung beim Kraulschwimmen:

Zum Einatmen wird der Kopf zur Seite des sich hinten befindlichen Armes gedreht, sodass sich der Mund knapp oberhalb der Wasseroberfläche befindet. Die Kopfdrehung erfolgt dann, wenn der Arm durchgezogen hat und aus dem Wasser gehoben wird. Nun wird schnell eingeatmet.

Schwingt der Arm nach vorne, wird der Kopf gedreht, sodass das Gesicht zum Grund zeigt. Nun atmet man vollständig aus, solange der Arm unter Wasser nach hinten geführt wird (Zug- und Druckphase).

Es empfiehlt sich, immer zu einer Seite den Kopf zu drehen und einzuatmen.

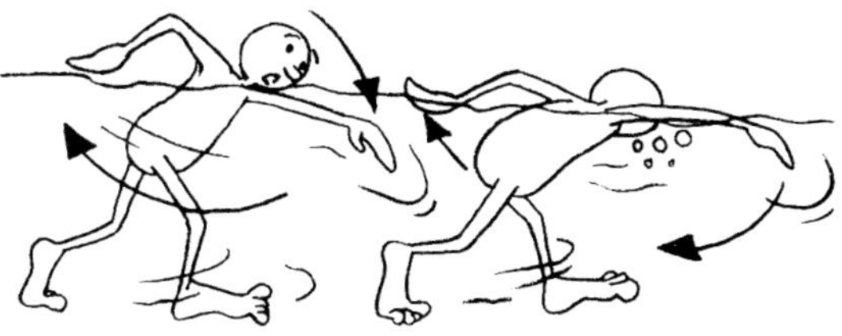

Tipp: Als Vorübung können die Schüler mit einem Schwimmbrett zwischen den gestreckten Armen (ohne Kraularmzug), mit Pull Buoys zwischen den Oberschenkeln (ohne Kraulbeinschlag) oder/und mit Nudel quer unterhalb des Körpers durch das Becken schwimmen und den Atemrythmus üben.

Gesamtbewegung:

Die Schüler stehen im Nichtschwimmerbecken nebeneinander am Beckenrand.

Jeder 2. oder 3. Schüler stößt sich mit den Füßen von der Wand ab. Nach der gestreckten Gleitphase schwimmen die Schüler mit der Kraulschwimmtechnik durchs Becken.

Wichtig: a) Beine schlagen aus der Hüfte abwechselnd auf und ab b) Arme ziehen gleichmäßig abwechselnd, c) Finger geschlossen halten, d) ruhige, gestreckte Wasserlage.

Anschließend können die sicheren Kraulschwimmer im Schwimmerbecken unter Ihrer Aufsicht üben.

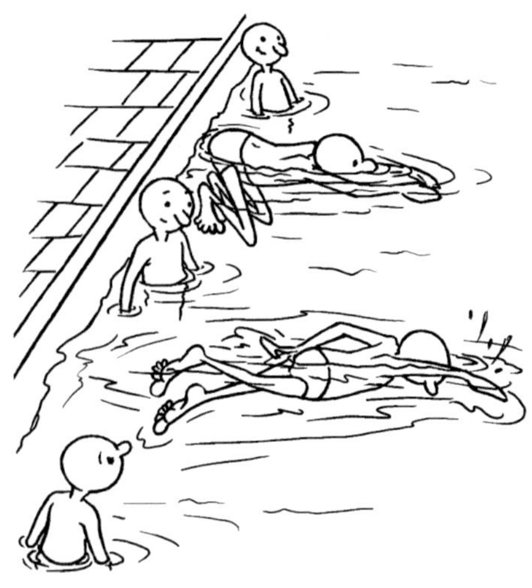

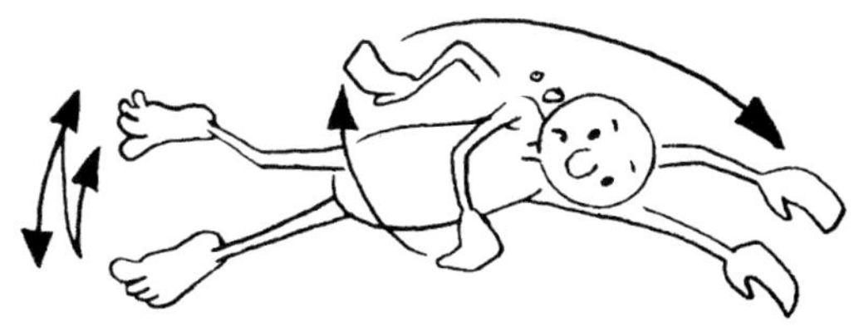

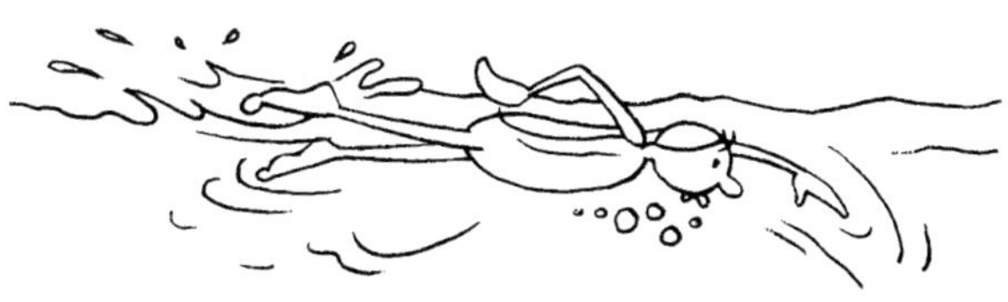

Tipp: Als Vorübung können die Schüler mit einem Schwimmbrett zwischen den gestreckten Armen (ohne Kraularmzug), mit Pull Buoys zwischen den Oberschenkeln (ohne Kraulbeinschlag) oder/und mit Nudel quer unterhalb des Körpers durch das Becken schwimmen.

Fehler beim Kraulschwimmen:

a) Die Arme werden gestreckt (nicht gebeugt) nach vorne geführt.

b) Die Unterwasserphase der Hand folgt nicht der Schlangenlinie.

c) Die Hand zieht nicht unter dem Körper, sondern seitlich vorbei.

d) Hand sticht vor der Stirn (nicht weit vorne) ins Wasser.

e) Die Schwimmlage ist zu steil, d.h. die Hüfte liegt tiefer als die Schultern.

f) Der Kopf wird beim Einatmen zu sehr (nach vorne) angehoben, dadurch sinken die Beine ab und das Vorschwingen des Armes wird verhindert.

g) Die Fußgelenke sind nicht ausreichend überstreckt („Schürhaken").

h) Die Beine schlagen zu weit aus dem Wasser.

i) Und: nicht mit den Beinen »Rad fahren«, da sonst die Vorderseite des Oberschenkels bremst.

5.3 Rückenschwimmen

Beim Rückenschwimmen sollten die Schüler zuerst kleine Gleitübungen in Rückenlage durchführen, bevor sie mit dem Rückenkraularmzug und Rückenkraulbeinschlag beginnen.

1. in Rückenlage mit einem Schwimmbrett:

2. mit Partner:

Der Rückenkraularmzug:

Der Rückenkraularmzug sollte zuerst außerhalb des Wassers, anschließend im Nichtschwimmerbecken geübt werden. Die Schüler stellen sich gerade hin.

Abwechselnd bewegen die Schüler die Arme:

- einen Arm weit nach oben/hinten strecken,
- die Hand weit hinter dem Kopf eintauchen (mit kleinem Finger zuerst),
- dann die Hand leicht nach außen ziehen, den Ellbogen beugen und die Hand neben dem Körper weiterziehen.
- Die Hand und der Unterarm drücken das Wasser in Richtung Füße.
- Zuletzt die Hand auf den Oberschenkel klappen.
- Den gestreckten Arm wieder aus dem Wasser heben und weit hinter dem Kopf eintauchen, während der andere Arm unter Wasser in Fußrichtung bewegt wird.

Schritt für Schritt können die Schüler den Rückenkraularmzug im Nichtschwimmerbecken üben:

1. rückwärts gehend:

2. Beine auf dem Beckenrand liegend und Oberkörper im Wasser:

3. mit Partner:

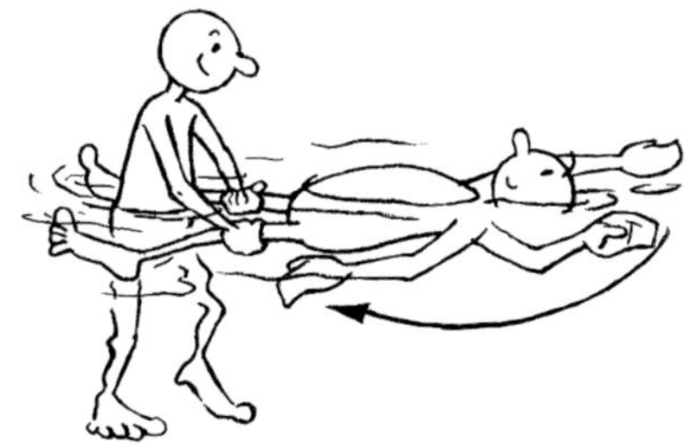

4. mit Nudel:

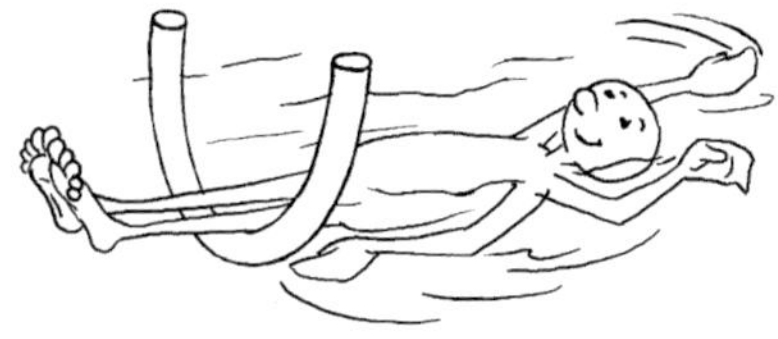

Der Rückenkraulbeinschlag:

Der Rückenkraulbeinschlag sollte zuerst auf einer Bank, anschließend auf dem Beckenrand sitzend geübt werden. Dabei sind die Beine und die Hüfte gestreckt. Die Hände sind hinten aufgestützt. Die Beine werden abwechselnd auf und ab bewegt, wobei die Füße leicht gestreckt und nach innen gedreht locker mitschwingen. Knie sind nur leicht gebeugt: kein Fahrrad fahren!

Schritt für Schritt können die Schüler den Rückenkraulbeinschlag im Nichtschwimmerbecken üben:

1. am Beckenrand festhaltend
   mit Partner:

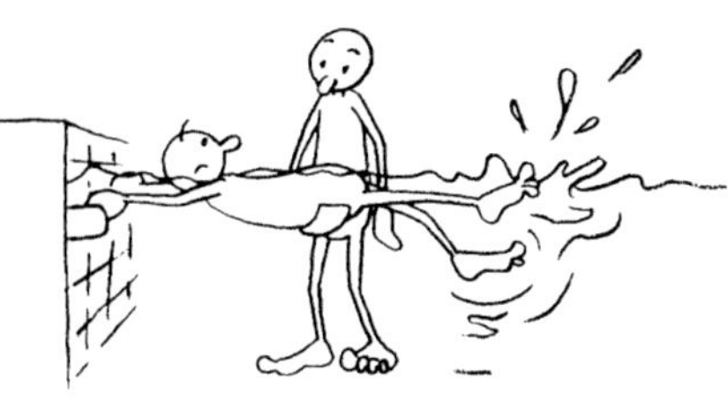

2. mit Partner:

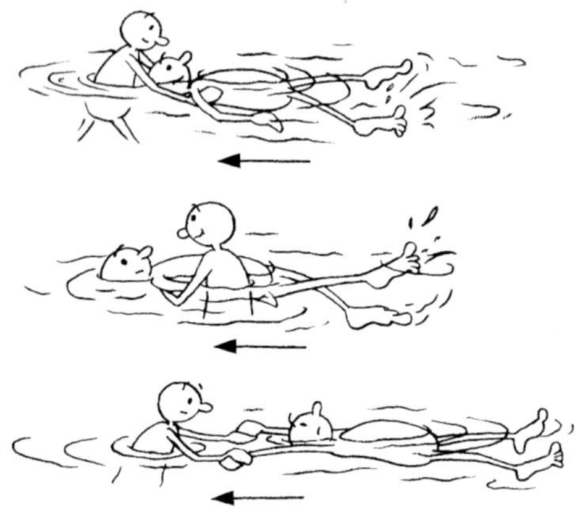

3. mit Schwimmbrett:

Atmung beim Rückenschwimmen:

Das Ein- und Ausatmen kann mit dem linken oder rechten Arm verknüpft werden: Holt z.B. der linke Arm in der Luft aus (Ausholphase) atmet man ein. Drückt der linke Arm das Wasser in Richtung Füße (Zug- und Druckphase) atmet man aus.

Tipp: Als Vorübung können die Schüler mit einem Schwimmbrett zwischen den gestreckten Armen (ohne Rückenkraularmzug) oder/und mit Pull Buoys zwischen den Oberschenkeln (ohne Rückenkraulbeinschlag) durch das Becken schwimmen und den Atemrhythmus üben.

Gesamtbewegung:

Die Schüler stehen im Nichtschwimmerbecken nebeneinander am Beckenrand.

Jeder 2. oder 3. Schüler stößt sich in Rückenlage mit den Füßen von der Wand ab. Nach der gestreckten Gleitphase schwimmen die Schüler mit der Rückenkraulschwimmtechnik durchs Becken.

Wichtig:

a) Beine schlagen aus der Hüfte abwechselnd auf und ab
b) Arme ziehen gleichmäßig abwechselnd,
c) Finger geschlossen halten,
d) ruhige, gestreckte Wasserlage.

Anschließend können die sicheren Rückenkraulschwimmer im Schwimmerbecken unter Ihrer Aufsicht üben.

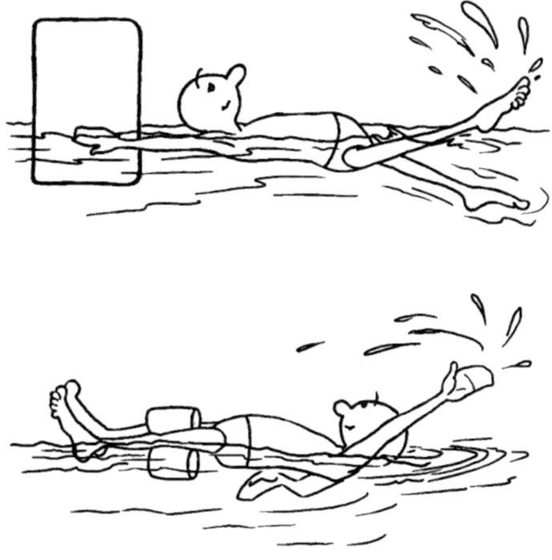

Tipp: Als Vorübung können die Schüler mit einem Schwimmbrett zwischen den gestreckten Armen (ohne Rückenkraularmzug) oder/und mit Pull Buoys zwischen den Oberschenkeln (ohne Rückenkraulbeinschlag) durch das Becken schwimmen.

Fehler beim Rückenschwimmen:

a) Die Schwimmlage ist zu steil, d.h. die Hüfte liegt tiefer als die Schultern.
b) Kein Eintauchen der Hand mit dem kleinen Finger.
c) Eintauchen der Hand geschieht zu weit seitlich.
d) Der Arm ist unter Wasser gestreckt, statt bis 90°gebeugt.
e) Der Kopf ist zu stark in Richtung Brust geneigt.
f) Die Beine sind nicht gestreckt und die Knie kommen aus dem Wasser.
g) Die Füße schlagen zu weit aus dem Wasser.
h) Und: nicht mit den Beinen »Rad fahren«, da sonst die Vorderseite des Oberschenkels bremst.

6. Tauchen

Die ersten Tauchübungen sollten stets
a) im Nichtschwimmerbecken und
b) unter Ihrer Aufsicht durchgeführt werden.

Beim Tauchen in Gruppen sollen die Schüler gegenseitig auf sich aufpassen und sich bei Ihnen melden, wenn ein Schüler Angst hat, Wasser schluckt usw.
Sie können die folgenden Tauchübungen als Stationen anbieten, die die Schüler nacheinander durchlaufen. Dies ist sinnvoll, wenn Sie nicht genug Tauchgegenstände haben: Ringe, Hanteln, Stäbe, Wäscheklammern usw.

Einfache Tauchübungen in hüft- bis brusthohem Wasser
(für ängstliche Schüler):

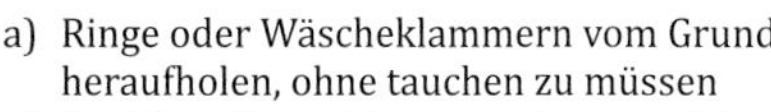

a) Ringe oder Wäscheklammern vom Grund heraufholen, ohne tauchen zu müssen
b) Gesicht mit geschlossenen Augen auf das Wasser legen
c) mit geschlossenen Augen tauchen
d) mit geschlossenen Augen tauchen und Luft auspusten
e) Gesicht mit offenen Augen auf das Wasser legen
f) mit geschlossenen Augen nach Ringen, Klammern oder Stäben tauchen, auf dem Grund ertasten und heraufholen
g) mit geschlossenen Augen unter auf dem Wasser liegenden Nudeln, Schwimmbrettern hindurchtauchen

Finger zählen

2 Schüler springen ins Wasser, halten sich an einem Handgelenk fest und tauchen unter. Unter Wasser zeigen sie sich gegenseitig eine Zahl von 1-5 mit den Fingern, die der Partner nach dem Auftauchen nennen soll. Dabei gilt: Augen auf unter Wasser!

Sie können auch Unterwasserkreise von je 3-6 Schülern bilden lassen, wobei die Schüler nach außen schauen und somit nur ihre Nachbarn links und rechts von ihnen sehen können. Der erste Schüler zeigt dem Nachbarn eine Zahl, die er dem nächsten Schüler zeigt, usw. Zwischendurch Luftholen ist erlaubt. Der letzte Schüler sagt die Zahl über Wasser. Das Spiel funktioniert also so ähnlich wie „Stille Post".

Geheime Zeichen

Mit etwa 6-8 Tauchgegenständen (Hanteln, Stäbe oder Wäscheklammern) sollen einige Schüler eine Form, einen Buchstaben oder eine Zahl unter Wasser auf den Beckenboden legen. Können die restlichen Schüler erkennen, welches Zeichen gelegt wurde? Danach ist der nächste Schüler dran.

Einige Schüler können auch Buchstabe für Buchstabe nacheinander legen und die Mitschüler sollen das kurze Wort erlesen, z.B. U-F-O.

Oder sie legen eine Rechenaufgabe, z.B. 3+4=

Stabtauchen

Schüler A hält einen langen Stab oder eine Schwimmstange senkrecht ins Wasser. Schüler B taucht kopfwärts ins Wasser, hält sich dabei am Stab fest und versucht, auf den Grund zu tauchen.

Es können auch mehrere Schüler je einen Stab festhalten. Ein anderer Schüler muss nun von Stab zu Stab schwimmen und entlang der Stäbe hinabtauchen.

Tipp: Wenn Sie keinen Stab haben, können die Schüler auch am Ein- und Ausstieg des Beckens oder am Körper eines Mitschülers entlang hinabtauchen.

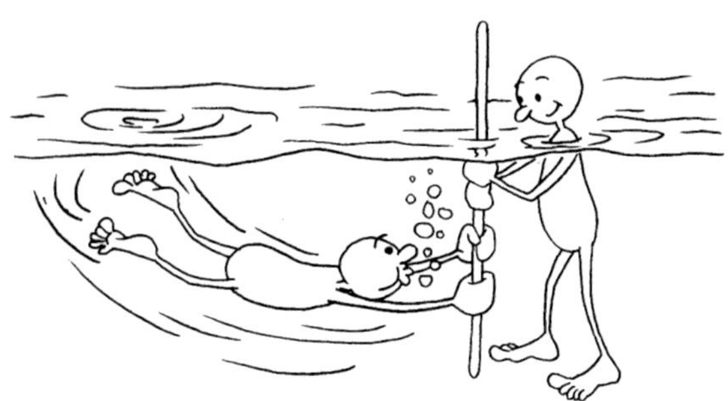

Feuerwehrpumpe

2 oder 4 Schüler halten sich an den Händen fest. Abwechselnd gehen die Schüler in die Hocke und tauchen wieder auf.

Es können sich auch alle Schüler im Kreis aufstellen, festhalten und abwechselnd hoch und runter gehen.

Ringtauchen

Schüler A steht gegrätscht im Wasser und lässt einen Tauchring vor sich auf den Grund fallen. Schüler B taucht nun von hinten durch seine Beine und holt den Tauchring wieder herauf.

Berühre mich nicht!

1-2 Schüler sind Fänger und fangen die restlichen Schüler, indem sie sie mit einem Schwimmbrett oder Schwimmflügel berühren. Gefangene Schüler müssen nach Ringen, Wäscheklammern oder Knochen (Hanteln oder Stäbe) tauchen, diese hochholen und wieder fallen lassen. Dann sind sie wieder frei.

Drunter und drüber!

1-2 Schüler sind Fänger und versuchen die restlichen Schüler zu fangen. Im Wasser treiben Nudeln, Bretter, Reifen usw. Gefangene Schüler müssen über ein Treibgut springen oder darunter her tauchen. Dann sind sie wieder frei.

Schatzkammer

Ein Eimer hängt mit der Öffnung nach unten unter Wasser an Gewichten. Die Schüler einer Gruppe haben je einen Tennisball, einen mit Luft gefüllten Plastikball oder einen Wasserball, den sie in den Eimer bringen sollen. Danach holen sie ihren Ball wieder herauf.

Höhlentaucher

Eine Wanne liegt umgedreht auf dem Wasser. Schüler A taucht unter Wasser, taucht mit dem Kopf in der Wanne wieder auf und sagt einen Satz. Schüler B soll ihn verstehen und den Satz wiederholen. (Man kann auch einen großen Eimer nehmen, der von Schüler B festgehalten wird.)

Delfinsprung

Die Schüler springen durch/über einen auf dem Wasser liegenden Reifen, eine Nudel, ein Schwimmbrett und holen einen Tauchring herauf.

Klammertauchen

Die Schüler tauchen nach Wäscheklammern, heften sie an ihre Schwimmkleidung und bringen sie zum Beckenrand.

Spiel: 2 Mannschaften tauchen nach den Klammern und legen sie an ihren Beckenrand. Welche Mannschaft hat die meisten Klammern gesammelt?

Tunneltauchen

Mehrere Schüler stehen mit gegrätschten Beinen hintereinander. Durch diesen Tunnel taucht nun ein Schüler.

Spiel: 3-5 Mannschaften mit je 4-6 Schülern, die gegeneinander tauchen. Sobald der Tunneltaucher vorne steht, darf der letzte einer Mannschaft durch den Tunnel tauchen. Welche Mannschaft ist als erste am gegenüberliegenden Beckenrand?

Tauch-Aufzug

Die Schüler lassen sich als Paket an der Wasseroberfläche treiben und pusten Luft aus, bis sie sich auf dem Grund hinsetzen können.

Schatzsuche

Jeweils 2-3 Schüler bekommen einen mit Alufolie umwickelten Tauchring, Wäscheklammern oder Tauchknochen (Hantel). Schüler A bringt ihn auf den Grund. Schüler B holt ihn wieder herauf.

Sie können auch alle „Diamanten" im Becken verteilen und die zuvor in 2 Mannschaften aufgeteilten Schüler nach den Diamanten tauchen lassen. Welche Mannschaft findet mehr Diamanten: A oder B?

Nach den vorangegangen Tauchübungen können Sie mit den Schülern, die mindestens „Seepferdchen“ haben, folgende Übungen auch im tieferen Schwimmerbecken machen. Auch hier sollten die Schüler die Tauchübungen stets unter Ihrer Aufsicht und in der Nähe des Beckenrandes durchführen.

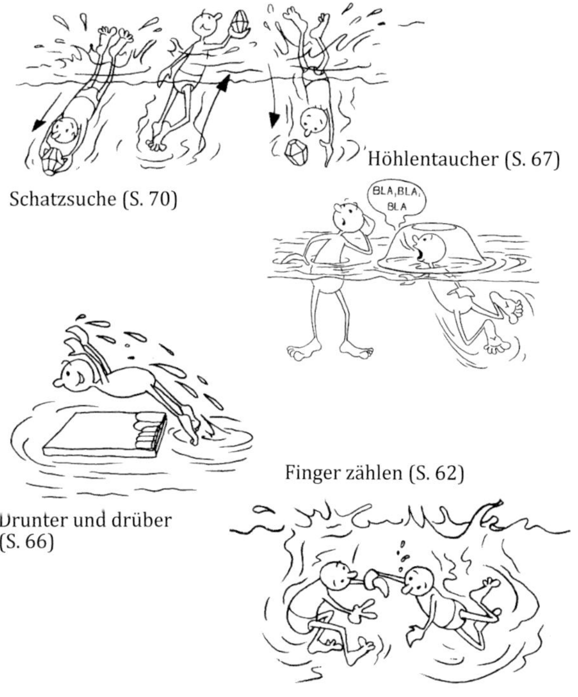

Höhlentaucher (S. 67)

Schatzsuche (S. 70)

Finger zählen (S. 62)

Drunter und drüber (S. 66)

Nun können die Schüler das Streckentauchen und Tieftauchen im tiefen Wasser üben, wobei sie zuerst den Druckausgleich üben sollten:

Der Druckausgleich:
Der Druckausgleich erfolgt – ähnlich dem Nase putzen – durch das Zusammendrücken der Nasenflügel mit den Fingern und dem „Pressen" der Luft in den Rachen. Kann der Druckausgleich so nicht ausgeführt werden, darf nicht getaucht werden!

Armzug und Beinschlag beim Streckentauchen:

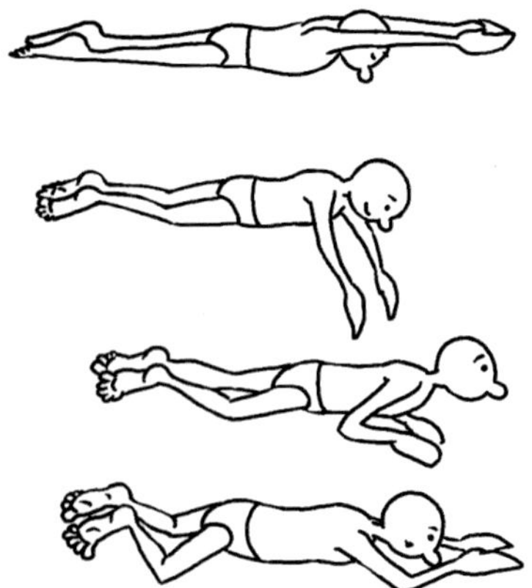

Je länger die Gleitphasen sind, desto weniger Sauerstoff verbraucht man.

Abtauchen aus dem Stand:

Der Körper ist senkrecht im Wasser, die Arme werden seitlich an den Körper gelegt. Durch Ausatmen unter Wasser sinkt man schneller. Gleichzeitig werden die Arme unter Wasser nach oben geführt, wobei die Handflächen nach oben zeigen.

Abtauchen aus der Schwimmlage kopfwärts und Hüftknicktechnik beim Tieftauchen:

Der Körper wird in der Hüfte gebeugt, sodass der Oberkörper eintaucht. Zuerst wird der Brustarmzug, dann Brustbeinschlag unter Wasser durchgeführt. In der Gleitphase ist der Körper gestreckt und die Arme liegen seitlich am Körper an.

7. Wasserspringen

Die ersten Wassersprungübungen sollten stets nur Fußsprünge sein und

a) im brusttiefen Nichtschwimmerbecken,
b) unter Ihrer Aufsicht und
c) ohne Anlauf durchgeführt werden.

Beim Springen in Gruppen sollen die Schüler gegenseitig auf sich aufpassen und sich bei Ihnen melden, wenn ein Schüler Angst hat, Wasser schluckt, sich nicht an Sprungregeln hält usw.

Sie können die folgenden Sprungübungen als Stationen anbieten, die die Schüler nacheinander durchlaufen.

Einfache Sprungübungen in brusthohem Wasser
(für ängstliche Schüler):

a) im Nichtschwimmerbecken auf und ab hüpfen
b) Fußweitsprünge von der untersten, 2. oder sogar 3. Treppenstufe ins Wasser
c) auf den Beckenrand setzen, mit den Händen abstützen und mit den Füßen voran ins Wasser springen
d) zusammen mit dem Lehrer von einer Treppenstufe ins Wasser springen (mit Handfassung)

Achtung: Bei kopfwärts eingetauchten Sprüngen muss die Wassertiefe mindestens 1,80 m betragen!

Fußsprung vom Beckenrand

3-4 Schüler stellen sich am Beckenrand hintereinander auf. Der erste Schüler springt aus dem Stand – also ohne Anlauf – vom Beckenrand ins Wasser. Bei der Fußberührung mit dem Grund knicken die Beine ein – also keine steifen Beine beim Sprung! Sobald der Schüler die Eintauchstelle verlassen hat, darf der zweite Schüler springen.

Fußsprung mit Oberschenkelklatscher

3-4 Schüler stellen sich am Beckenrand hintereinander auf. Der erste Schüler springt aus dem Stand – also ohne Anlauf – vom Beckenrand ins Wasser und klatscht dabei mit den Händen auf die Oberschenkel. Dies führt zu einem geraden Oberkörper, der für einen korrekten Fußsprung wichtig ist. Bei der Fußberührung mit dem Grund knicken die Beine ein – also keine steifen Beine beim Sprung! Sobald der Schüler die Eintauchstelle verlassen hat, darf der zweite Schüler springen.

Fußsprung mit ¼ und ½ Drehung um die Längsachse

3-4 Schüler stellen sich am Beckenrand hintereinander auf. Der erste Schüler springt aus dem Stand – also ohne Anlauf – vom Beckenrand ins Wasser. Im Flug macht er eine ¼ oder ½ Drehung um die Längsachse. Bei der Fußberührung mit dem Grund knicken die Beine ein – also keine steifen Beine beim Sprung! Sobald der Schüler die Eintauchstelle verlassen hat, darf der zweite Schüler springen.

Hocksprung ins Wasser

3-4 Schüler stellen sich am Beckenrand hintereinander auf. Der erste Schüler springt aus dem Stand – also ohne Anlauf – vom Beckenrand ins Wasser. Beim Absprung hockt er die Beine an. Bei der Fußberührung mit dem Grund knicken die Beine ein – also keine steifen Beine beim Sprung! Sobald der Schüler die Eintauchstelle verlassen hat, darf der zweite Schüler springen.

Paarsprung mit Handfassung

4-6 Schüler stellen sich paarweise am Beckenrand hintereinander auf. Das erste Paar fasst sich an die Hände und springt aus dem Stand – also ohne Anlauf – vom Beckenrand ins Wasser. Bei der Fußberührung mit dem Grund knicken die Beine ein – also keine steifen Beine beim Sprung! Sobald die Schüler die Eintauchstelle verlassen haben, darf das zweite Paar springen.

Reifenspringer

3-4 Schüler stellen sich am Beckenrand hintereinander auf. Der erste Schüler springt aus dem Stand – also ohne Anlauf – vom Beckenrand ins Wasser. Dabei springt er in einen auf dem Wasser liegenden Reifen und taucht danach seitlich heraus. Bei der Fußberührung mit dem Grund knicken die Beine ein – also keine steifen Beine beim Sprung! Sobald der Schüler die Eintauchstelle verlassen hat, darf der zweite Schüler springen.

Auf das Pferd mit dem Po springen

3-4 Schüler stellen sich am Beckenrand hintereinander auf. Der erste Schüler springt aus dem Stand – also ohne Anlauf – vom Beckenrand ins Wasser. Dabei springt er mit dem Gesäß auf ein Schwimmbrett, das ca. 1 m vom Beckenrand entfernt schwimmt. Die Beine sind nach vorne oder jeweils zur Seite gestreckt. Sobald der Schüler die Eintauchstelle verlassen und das Schwimmbrett wieder positioniert hat, darf der zweite Schüler springen.

Über das Boot springen

3-4 Schüler stellen sich am Beckenrand hintereinander auf. Der erste Schüler springt aus dem Stand – also ohne Anlauf – vom Beckenrand ins Wasser. Dabei springt er über ein Schwimmbrett, das ca. 0,5-1 m vom Beckenrand entfernt schwimmt. Die Schüler versuchen dabei, das Brett nicht zu berühren. Bei der Fußberührung mit dem Grund knicken die Beine ein – also keine steifen Beine beim Sprung! Sobald der Schüler die Eintauchstelle verlassen hat und das Schwimmbrett wieder positioniert hat, darf der zweite Schüler springen.

Auf das Boot mit den Füßen springen

3-4 Schüler stellen sich am Beckenrand hintereinander auf. Der erste Schüler springt mit beiden Füßen aus dem Stand – also ohne Anlauf – vom Beckenrand auf ein Schwimmbrett, das ca. 1-2 m vom Beckenrand entfernt schwimmt. Sobald der Schüler das Schwimmbrett positioniert und die Eintauchstelle verlassen hat, darf der zweite Schüler springen.

Sprung mit Ball

3-4 Schüler stellen sich am Beckenrand hintereinander auf. Der erste Schüler springt aus dem Stand – also ohne Anlauf – vom Beckenrand ins Wasser. Dabei hält er einen Wasserball fest. Bei der Fußberührung mit dem Grund knicken die Beine ein – also keine steifen Beine beim Sprung! Sobald der Schüler die Eintauchstelle verlassen hat, darf der zweite Schüler springen. Ein Schüler im Wasser kann dem Springer den Ball auch im Flug zuwerfen. Fängt er den Ball?

Nach den vorangegangen Übungen zum Fußsprung können Sie mit den Schülern, die mindestens „Seepferdchen" haben, folgende Übungen auch im tieferen Schwimmerbecken (mind. 1,80 m Wassertiefe) machen. Auch hier sollten die Schüler die Übungen stets unter Ihrer Aufsicht durchführen.

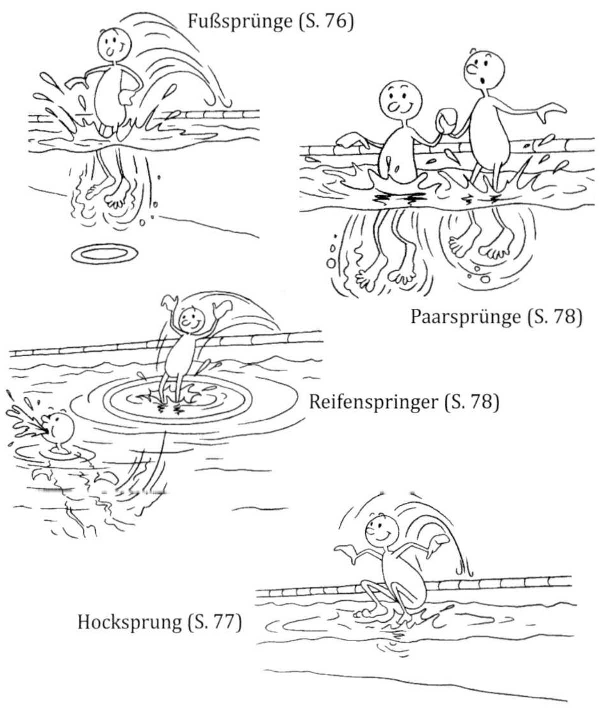

Die folgenden Übungen zum **Kopfsprung** sollten die Schüler, die mindestens „Seepferdchen" haben, im tieferen Schwimmerbecken (mind. 1,80 m Wassertiefe) machen. Auch hier sollten die Schüler die Übungen stets unter Ihrer Aufsicht durchführen.

Anschließend können die Schüler nach und nach Fuß- und Kopfsprünge von Startblöcken, 1m- und 3m-Brett machen, um z.B. eine Schwimmprüfung zu schaffen.

Vorübung zum Kopfkipper im Nichtschwimmerbecken:

Der Schüler stellt sich ins hüfthohe Wasser, knickt die Beine ein, lässt sich aus dem Stand kopfüber ins Wasser fallen und gleitet dann unter Wasser weiter. Dabei streckt er die Arme nach vorne. Der Daumen der einen Hand wird von der anderen festgehalten. Die Oberarme berühren die Ohren.

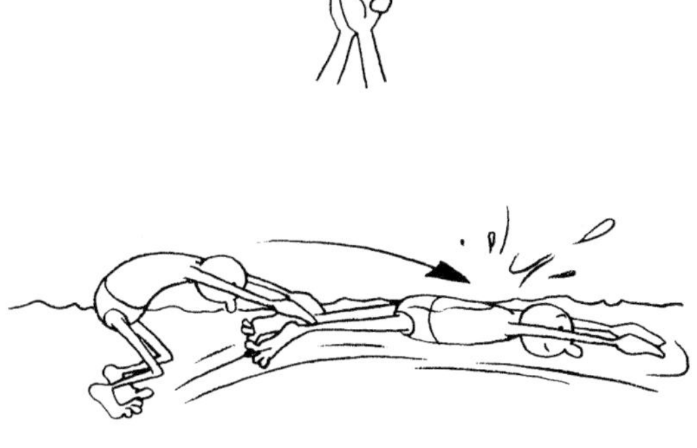

Kopfkipper vom Schwimmbrett

Der Schüler legt ein Schwimmbrett so auf den Beckenrand, dass es etwas über den Rand ragt. Er kniet sich auf das Schwimmbrett, taucht die Hände ins Wasser, lässt sich kopfüber ins Wasser fallen und gleitet dann unter Wasser weiter.

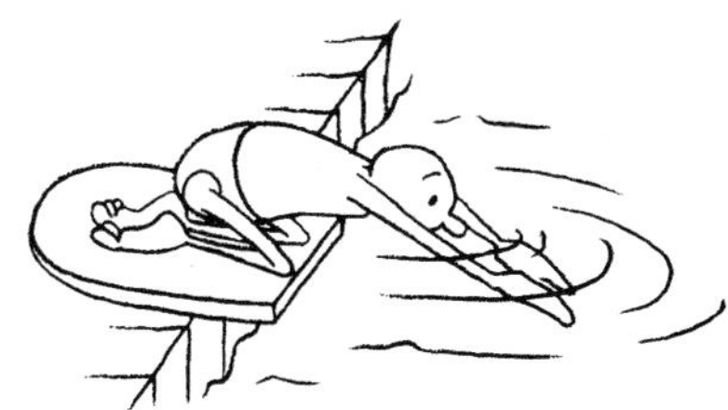

Kopfkipper aus der Hocke

Der Schüler hockt sich an den Beckenrand und grätscht die Beine. Er rutscht durch die Beine kopfüber ins Wasser und gleitet dann unter Wasser weiter.

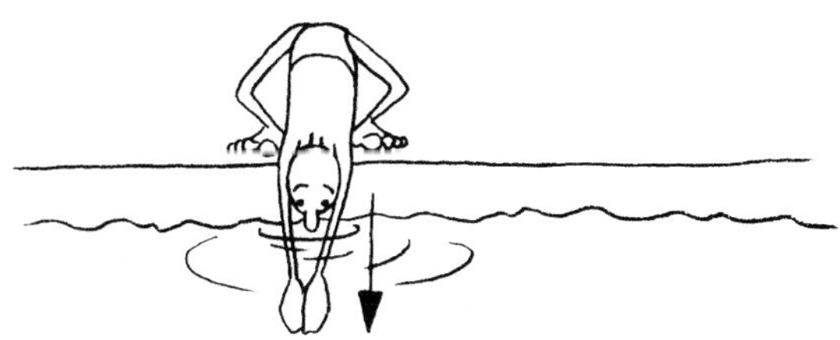

Kopfkipper mit Schwimmbrett

Der Schüler setzt oder hockt sich auf oder an den Beckenrand. Er hält das Schwimmbrett fest, nimmt den Kopf zwischen die Arme, springt vom Rand aus kopfüber ins Wasser und gleitet dann weiter.

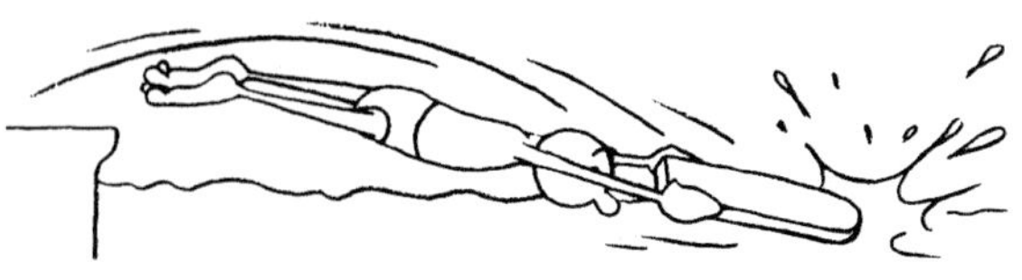

Diese Übung kann der Schüler auch ohne Schwimmbrett machen:

Kopfsprung zum Schwimmbrett

Der Schüler steht am Beckenrand und macht einen eher flachen Kopfsprung ohne Anlauf ins tiefe Wasser. Der Körper wird ganz gestreckt. Der Schüler versucht, das Schwimmbrett mit beiden Händen und gestreckten Armen zu erwischen und damit weiter zu gleiten.

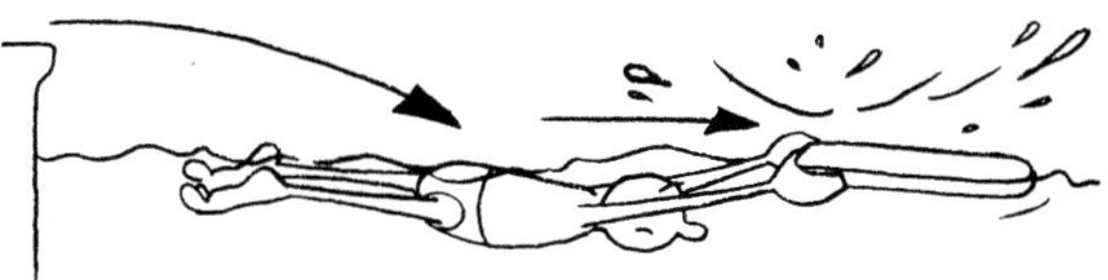

Kopfsprung durch den Reifen

Der Schüler steht am Beckenrand und macht einen Kopfsprung ohne Anlauf ins tiefe Wasser. Er springt dabei durch einen auf dem Wasser liegenden Reifen.

Danach können die Schüler den Kopfsprung und Fußsprung vom Beckenrand, Startblock oder Brett üben:

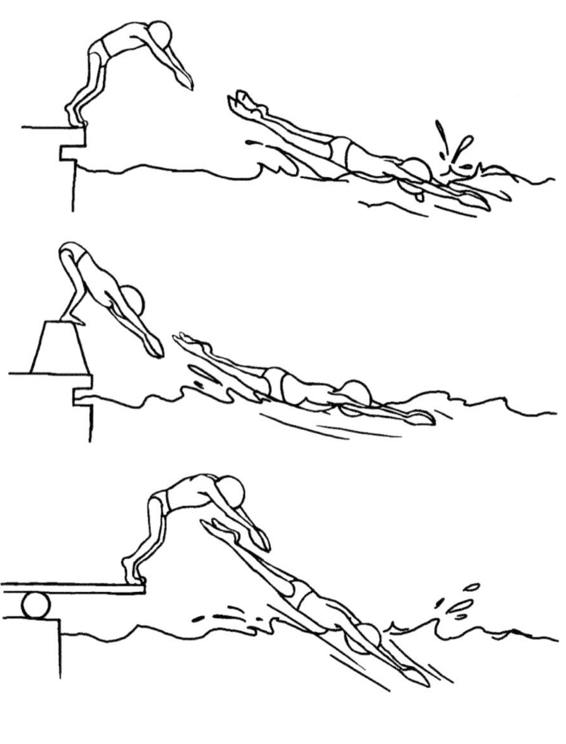

8. Spiele im Wasser

Wichtig: Die folgenden Spiele sollten Sie ausschließlich im Nichtschwimmerbecken bzw. in max. schultertiefem Wasser spielen!

Springbrunnen

Alle setzen sich auf die Treppe des Nichtschwimmerbeckens nebeneinander und strampeln mit den Füßen im Wasser.

Wassertransport

Man bildet 2-4 Mannschaften. Mit Bechern wird das Wasser von einem Beckenrand zum anderen transportiert und dort in Eimer oder Wannen geschüttet. Welche Mannschaft hat ihren Eimer, ihre Wanne zuerst voll?

Strudel

Alle Schüler halten sich an den Händen und rennen im Uhrzeigersinn im Kreis. Das Wasser wird dabei mitgerissen und beginnt sich auch im Kreis zu drehen. Auf ein Signal des Lehrers, lassen sich alle los und durch den Strudel (auf dem Rücken) mitreißen.

Autowaschanlage

Die Schüler bilden 2 sich gegenüber stehende Reihen: die Waschstraße. Wer durchfährt, wird von der Seite angespritzt. Die ersten beiden Schüler gehen durch die Waschstraße und stellen sich hinten wieder an. Nun gehen die nächsten beiden Schüler, usw.
Tipp: wenig Spritzer für ängstliche Schüler!

Ball-Puster

2 Schüler stehen um einen Reifen, der auf dem Wasser treibt und in dem sich ein Tischtennisball befindet. Jeder versucht, den Tischtennisball an den Reifeninnenrand des anderen Schülers zu pusten. Gewonnen hat der Schüler, dem das gelingt.

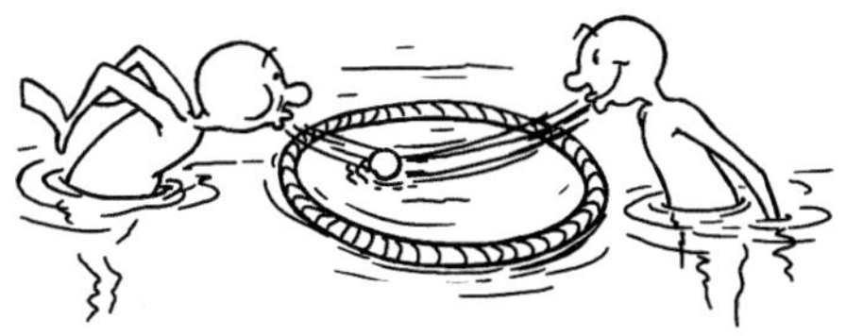

Trinkhalm-Blubbermusik

2 Schüler haben je einen Trinkhalm. Wer kann mit einem Trinkhalm die meisten Blasen ins Wasser blubbern? Wer kann dabei ein Lied blubbern? Erkennt der Partner das Lied?

Wasser-Sänger

2-4 Schüler atmen gleichzeitig tief ein, tauchen unter und brüllen gemeinsam oder einzeln ein bestimmtes Lied oder einen bestimmten Satz ins Wasser. Erkennen die anderen das Gesungene oder Gesagte?

Tauch-Mutprobe

Alle Schüler bilden einen Kreis, hüpfen und sagen dabei: "Einszwei-drei-vier, runter mit dir!" Dabei darf jeder Schüler entscheiden, wie tief er untertaucht: nur mit den Schultern oder sogar mit dem ganzem Körper.

Schwimmbrett-Rodeo

Jeder Schüler versucht, sich auf ein Schwimmbrett zu setzen. Wer kann darauf sitzenbleiben, hüpfen, schwimmen?

Surfbrett und Co

Jeder Schüler versucht, das Schwimmbrett

- unter Wasser zu drücken,
- mit einem Bein unter Wasser zu drücken und sich dann mit beiden Beinen daraufzustellen,
- in Rückenlage mit beiden Händen vor dem Bauch festzuhalten und den Bauch fest dagegen zu drücken.

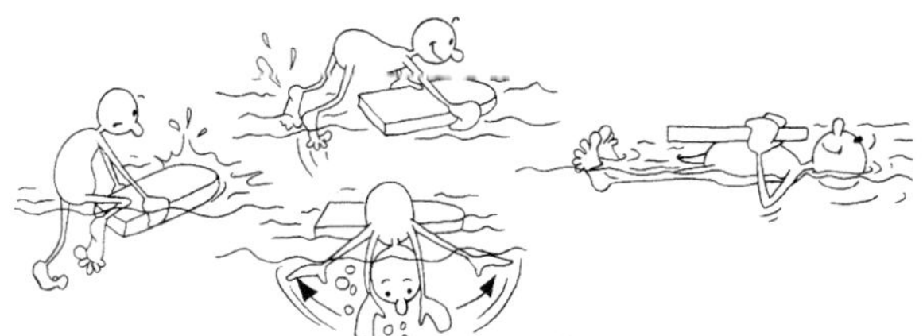

Tiere im Wasser

Die Schüler sind im Nichtschwimmerbecken. Der Lehrer ruft Tierarten, wonach sich die Schüler im Wasser bewegen sollen: Pinguin, Schlange, Frosch, Affe, Krokodil, Hai usw.

Wasserschlange

Die Schüler fassen sich an der Schulter, bilden eine lange Schlange und gehen alle in eine Richtung. Der erste Schüler wechselt auf ein Signal des Lehrers die Richtung und die hinteren Schüler folgen.

Autofahrt

Die Schüler halten einen Tauchring in der Hand. Dies ist ihr Auto-Lenkrad. Das Auto fährt vorwärts, rückwärts, schnell, langsam, kurvig usw.

Wellenmacher

Die Schüler befinden sich auf einer Seite des Schwimmbeckens und halten sich an der Kante/Überlaufrinne fest. Im gleichen Takt ziehen sie sich abwechselnd an die Beckenwand und drücken sich wieder ab. Dadurch entstehen Wellen. Wer macht die größten Wellen?

Rakete

Die Schüler stoßen sich kräftig vom Beckenrand ab und gleiten solange, bis sie keinen Vortrieb mehr haben. Man kann auch zum Partner gleiten. Wer gleitet am weitesten?

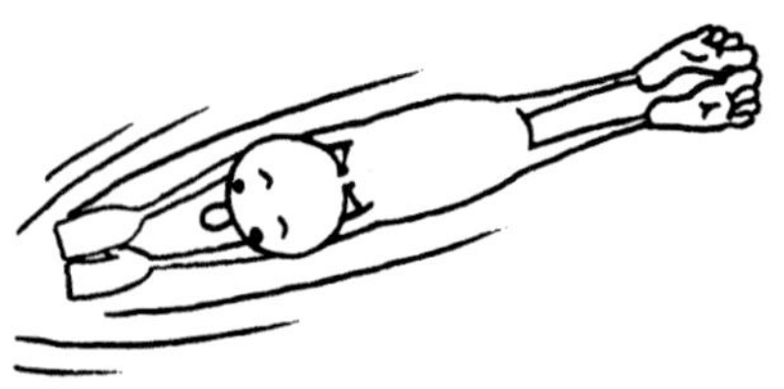

Bockspringen

2 Schüler stellen sich hintereinander auf, der Vordermann krümmt sich zu einem Bock zusammen. Der Hintermann springt über den Bock, nach dem Sprung wird der Springer zum Bock und der Bock zum Springer. 2-4 Paare springen gegeneinander. Welches Paar ist zuerst an der anderen Seite?

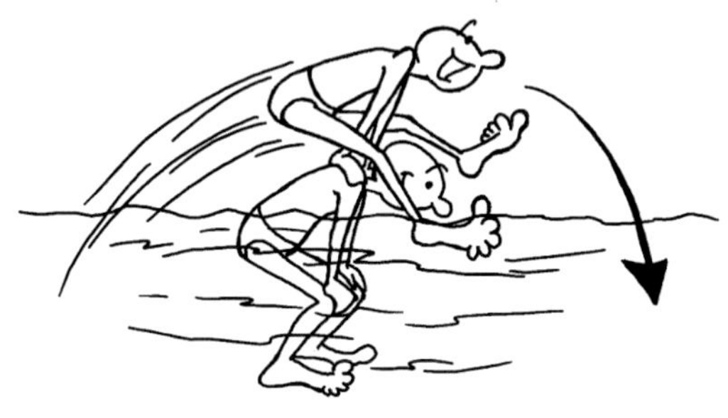

Fischer, Fischer, wie tief ist das Wasser?

Ein Fischer steht auf der einen Seite vom Becken. Die restlichen Schüler stehen auf der anderen Beckenseite. Die Schüler rufen: „Fischer, Fischer, wie tief ist das Wasser?" Der Fischer ruft zurück, wie tief das Wasser ist. Die Schüler rufen: „Wie kommen wir herüber?" Der Fischer antwortet, wie man es durchqueren kann: z.B. schwimmend, hüpfend, seitwärts, rückwärts, tauchend... Die Schüler versuchen, die andere Seite in der genannten Bewegungsart zu erreichen. Der Fischer bewegt sich genauso und versucht, Schüler zu berühren, die dann auch zu Fischern werden. Haben Fischer und Schüler die jeweils andere Beckenseite erreicht, rufen die Schüler wieder: „Fischer, Fischer, wie tief ist das Wasser?", usw. Gewonnen hat der letzte Schüler.

Reiterkampf

2 Schüler (Reiter) sitzen auf den Schultern ihrer 2 Partner (Pferde) und versuchen, den Reiter des anderen Pferdes ins Wasser zu schubsen, zu ziehen oder werfen. (Auch als Reiterkampf-Turnier möglich!)

Staffelschwimmen

Der Lehrer bildet 3-6 gleich große Mannschaften. Jede Mannschaft stellt sich nebeneinander vor einen Beckenrand. Auf ein Startzeichen des Lehrers schwimmen die ersten Schwimmer jeder Mannschaft zur gegenüberliegenden Beckenseite hin und wieder zurück, schlagen beim zweiten Schwimmer ab, der dann hin- und zurückschwimmt, usw. Gewonnen hat die Mannschaft, deren letzter Schwimmer als Erster wieder am Start ankommt. (Auch als Pendelstaffel möglich!)

Nudel-Staffel

Der Lehrer bildet 3-6 gleich große Mannschaften. Jede Mannschaft stellt sich nebeneinander vor einen Beckenrand. Auf ein Startzeichen des Lehrers laufen/schwimmen die ersten Schüler jeder Mannschaft zur anderen Seite und zurück. Die Schüler sitzen dabei auf einer Schwimmnudel, sodass vorne und hinten ungefähr die gleiche Nudellänge ist. Gewonnen hat die Mannschaft, deren letzter Nudel-Läufer/Schwimmer als Erster wieder am Start ankommt. (Auch als Pendelstaffel möglich!)

Tigerball

6-8 Schüler bilden einen Kreis und werfen sich einen Ball zu. In der Kreismitte stehen 1-2 „Tiger", die versuchen, den Ball abzufangen. Berührt ein Tiger den Ball, so tauscht er mit dem Werfer den Platz.

Atomspiel

Alle Schüler schwimmen im Wasser umher, bis der Lehrer eine Zahl ruft. Bei der Zahl 4 müssen sich die Schüler zu 4er-Gruppen (Atomen) zusammenfinden. Übriggebliebene Schüler müssen eine Runde pausieren. Dann ruft der Lehrer die nächste Zahl, usw.

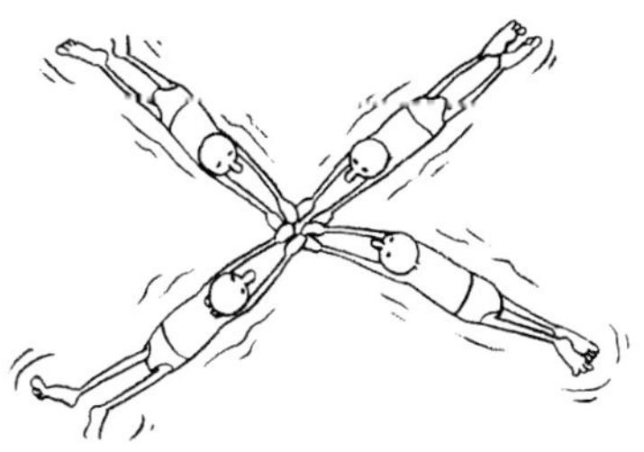

Wasserball hochhalten

In einem Kreis versuchen die Schüler, einen großen Wasserball hochzuhalten. Wie oft schaffen sie das, bevor der Ball das Wasser berührt?

Trefferwasserball

Die Schüler werden in 2 Mannschaften aufgeteilt und stellen sich je an eine Beckenseite. Ein großer Wasserball schwimmt in der Beckenmitte und soll mit anderen Bällen getroffen werden. Welche Mannschaft treibt den Wasserball an die gegnerische Beckenseite?

Treppenfangen

1-2 Schüler sind Fänger. Die restlichen Schüler sitzen auf der Treppe oder berühren den gegenüber liegenden Beckenrand. Dort darf nicht gefangen werden. Die Schüler versuchen nun, von der Treppe zum gegenüberliegenden Beckenrand zu gelangen oder umgekehrt. Die Schüler dürfen sich an den seitlichen Beckenrändern entlang ziehen. Wem das gelingt, ohne gefangen zu werden, hat gewonnen. Gefangene Schüler werden zu Fängern.

Sturm, Blitz, Seebeben, Strudel und Tornado!

Alle Schüler schwimmen im Wasser. Auf Zuruf des Lehrers muss eine entsprechende Bewegungsaufgabe möglichst schnell erfüllt werden. Wer die Aufgabe als letzter erfüllt, scheidet für die nächste Runde aus. Danach schwimmen alle restlichen Schüler wieder bis zum nächsten Zuruf durch das Becken.

„Sturm“: Alle Schüler schwimmen in die Beckenecken.
„Blitz“: Alle Schüler verlassen das Becken.
„Seebeben“: Alle Schüler fassen sich an die Hände.
„Strudel“: Alle Schüler suchen einen Partner, der sie trägt.
„Tornado“: Alle Schüler tauchen unter.

Fitness im Wasser

Der Lehrer sucht 4-8 freiwillige Fitness-Trainer aus. Er erklärt jedem Fitness-Trainer eine einfache Übung. Danach verteilen sich die Trainer im Becken und die restlichen Schüler schwimmen zu je einem Trainer ihrer Wahl. Diese machen ihre Übung kurz vor und die Schüler machen sie 20-30 Sekunden nach. Nach einer kurzen Zwischenpause und auf ein Zeichen des Lehrers wechseln die Schüler ihren Fitness-Trainer.

Beispielübungen: Hampelmann, auf der Stelle joggen, Kniebeugen, Armkreisen, auf einem Bein hüpfen, Kniehebellauf, groß und klein machen, auf Zehenspitzen gehen, tauchen...

Aufräumspiel

Der Lehrer bildet 2 Mannschaften. Im Becken liegen Bretter, Nudeln, Spielgeräte usw. verteilt. Die Schüler sammeln alle Gegenstände ein und bringen sie an ihren Beckenrand. Welche Mannschaft hat mehr Dinge eingesammelt? Tipp: Das Spiel eignet sich gut als Aufräumspiel nach einer offenen Spielphase.

Schatzsuche

Der Lehrer „versteckt" im Pool mehrere Centstücke. Anschließend dürfen die Schüler die Geldstücke einsammeln. Gewonnen hat derjenige oder die Mannschaft, der oder die das meiste Geld eingesammelt hat. Sie können auch Ringe oder Wäscheklammern benutzen.

Haltet das Feld frei!

Das Becken wird mit der Schwimmleine in zwei gleich große Spielhälften geteilt. In jeder Hälfte befindet sich eine Mannschaft. Der Lehrer wirft in jede Hälfte ungefähr gleich viele Bälle, Bretter, Nudeln, Pull Buoys usw. Auf ein Startsignal des Lehrers versucht jede Mannschaft, möglichst viele Bälle in die gegnerische Hälfte zu werfen. Gewonnen hat die Mannschaft, die nach einer bestimmten Spielzeit die wenigsten Dinge in ihrem Feld hat.

Robben-Pendelstaffel

2 Mannschaften werden jeweils halbiert und stellen sich an den gegenüberliegenden Beckenrändern hintereinander im Wasser auf. Jede Mannschaft hat einen Wasserball und muss den Ball nach einem Startsignal des Lehrers mit dem Kopf zur anderen Mannschaftshälfte transportieren. Der vorderste Schüler der anderen Mannschaftshälfte transportiert den Wasserball wieder mit dem Kopf zur anderen Mannschaftshälfte, usw. Gewonnen hat die Mannschaft, die zuerst wieder so steht wie zu Spielbeginn.

Fallobst

Jeder Schüler erhält vom Lehrer einen Obstnamen. Der Lehrer ruft nun mehrere Obstnamen auf. Wird das Obst eines Schülers genannt, muss er ins Wasser springen und so schnell wie möglich wieder hinausklettern. Wird „Obstsalat" gerufen, müssen alle Schüler springen! (Kann auch mit Bewegungsaufgaben im Wasser kombiniert werden!)

Die Haie sind los!

Der Lehrer sucht 2-3 freiwillige Haie aus, die vor einer Beckenseite treiben und „schlafen". Die restlichen Schüler sind Touristen und stehen an der anderen Beckenseite. Die Touristen nähern sich den schlafenden Haien und fotografieren sie. Plötzlich ruft der Lehrer: „Die Haie sind los!" Die Haie versuchen, die flüchtenden Touristen zu fangen. Die Touristen sind gerettet, wenn sie ihre Beckenseite wieder erreichen. Gefangene Touristen werden in der nächsten Runde auch zu Haien. Gewonnen haben die fünf letzten, nicht gefangenen Touristen.

Kreisschwimmen

Der Lehrer bildet 2-4 Mannschaften. Jede Mannschaft stellt sich im Kreis im Wasser auf. Jeder Schüler einer Gruppe erhält eine Nummer (1, 2, 3, 4, ...). Der Lehrer oder ein übrig gebliebener Schüler ruft eine Nummer. Die jeweiligen Schüler mit dieser Nummer umschwimmen ihren Kreis. Diejenige Kreisgruppe erhält einen Punkt, deren Schwimmer als Erster wieder auf seinem Platz steht. Wer schafft 3, 5 oder sogar 8 Punkte?

Rettungsinsel

Der Lehrer sucht einen freiwilligen Fänger und 2-4 kräftige und große „Rettungsinseln" (= Schüler) aus. Sobald der Fänger einen der restlichen Schüler gefangen hat, wird dieser zum Fänger. Fliehende Schüler können sich auf die Arme einer der „Rettungsinseln" retten. Dort dürfen sie nicht gefangen werden. Ob die „Rettungsinseln" im Wasser gehen dürfen oder stehen bleiben müssen, entscheiden Sie vor Spielbeginn. Gewonnen haben alle Schüler, die innerhalb von 1-2 Minuten nicht gefangen worden sind.

Farbenschwimmen

Die Schüler stellen sich im Wasser nebeneinander vor eine Beckenrandseite. Der Lehrer teilt den Schülern abwechselnd je eine von ca. 4 Farben zu (z.B. rot, blau, grün, gelb). Somit hat jeder 4. Schüler die gleiche Farbe. Der Lehrer ruft eine Farbe. Alle Schüler mit dieser Farbe schwimmen zur anderen Beckenseite und wieder zurück. Wer ist am schnellsten?

Stille Post

Der Lehrer bildet 4-6 Gruppen. Die Gruppen stellen sich im Kreis auf. Der erste Schüler denkt sich ein Wort aus, welches er dem nächsten Schüler unter Wasser mitteilt. Das geht im Uhrzeigersinn weiter. Der letzte Schüler muss das Wort laut sagen.

Brückenwächter

Der Lehrer sucht einen freiwilligen Fänger aus: den Brückenwächter. Der Brückenwächter stellt sich auf die imaginäre Mittellinie des Beckens. Die Brückenpfosten können mit Hütchen o.ä. am Beckenrand gekennzeichnet werden. Die restlichen Schüler stellen sich an eine Beckenseite. Der Lehrer nennt nun Schüler mit bestimmten Merkmalen, die von der einen Beckenseite zur anderen schwimmen oder rennen sollen, bis kein Schüler mehr vor der einen Hallenwand steht (z.B.: „Es rennen zuerst alle Schüler, die gerne Pizza essen!"). Der Brückenwächter darf sich nur seitwärts zwischen den Brückenpfosten bewegen, um die Schüler zu berühren. Vom Brückenwächter berührte Schüler, werden auch zu Brückenwächtern und stellen sich auch auf die imaginäre Linie. Die restlichen Schüler versuchen dann wieder, gruppenweise von der Beckenseite über die Brücke zur anderen Beckenseite zu schwimmen oder zu rennen.

Kettenfangen

2 Schüler beginnen und halten sich an den Händen fest. Sie fangen andere Schüler, die sich der Kette anschließen. Sobald die Kette aus 4 Schülern besteht, trennt sie sich, sodass zwei 2er-Ketten weiterfangen. Der letzte Schüler hat gewonnen.

Rot oder Blau

2 Mannschaften stehen sich in der Mitte des Beckens mit dem Rücken gegenüber (ca. 1-2 m Abstand). Eine Mannschaft ist rot, die andere ist blau. Ruft der Lehrer „Rot!", versuchen die "Roten" möglichst viele Schüler der anderen Mannschaft zu berühren, bevor diese den Beckenrand auf ihrer Seite erreicht haben. Berührte Schüler gehören dann zur anderen Farbe. Beide Mannschaften stellen sich wieder in der Beckenmitte auf. Der Lehrer ruft wieder eine Farbe, usw.

Hundehüttenfangen

2 Schüler sind Fänger. Gefangene Schüler bleiben stehen, grätschen ihre Beine und strecken ihre Arme seitlich aus. Freie Schüler befreien gefangene Schüler, indem sie durch die Beine hindurch- oder unter den Armen hertauchen.

Wer hat Angst vor dem weißen Hai?

Ein Hai steht auf der einen Seite des Beckens, die restlichen Schüler stehen auf der anderen Seite. Die Schüler versuchen, die andere Beckenseite zu erreichen, ohne vom Hai gefangen zu werden. Wer gefangen wird, wird selbst zum Hai und muss mitfangen. Gewonnen hat der letzte Schüler.

Schwimmen nach Jerusalem

Alle Schüler stellen sich an den Beckenrand. In der Beckenmitte und am Beckenende werden Schwimmflügel, Schwimmbretter, Nudeln usw. verteilt. Wichtig: Es muss genau eine Schwimmhilfe weniger sein als mitspielende Schüler. Nach einem Startsignal des Lehrers schwimmen die Schüler los und versuchen, eine Schwimmhilfe zu ergattern. Der Schüler, der nichts hat, scheidet aus. Für die nächste Runde muss dann wieder eine Schwimmhilfe herausgenommen werden. Ausgeschiedene Schüler geben das nächste Startsignal. Gewonnen haben die letzten 5, 10 oder 15 Schüler.

Königsdelfin

Der Lehrer sucht 2 freiwillige Fänger aus: die Haie. Die Haie gehen für einen kurzen Moment aus der Halle oder drehen sich um. Währenddessen bestimmt der Lehrer 2-4 freiwillige Königsdelfine. Alle anderen Schüler sind normale Delfine. Die Haie müssen so viele Delfine wie möglich fangen, und hoffen, dass zufällig einer der Königsdelfine dabei ist. Gelingt den Haien das in einer Minute, haben die Haie gewonnen. Wird kein Königsdelfin gefangen, haben alle Delfine gewonnen. Gefangene Delfine setzen sich bis zum Spielende auf die Treppe oder Bank.

Fischerball

1-4 Jäger bekommen einen leichten Wasserball. Mit diesem versuchen sie, die anderen Schüler (die Fische) abzuwerfen. Jeder getroffene Fisch wird zum Fischer. Die letzten drei Fische haben gewonnen.

Ballstaffel

Die Schüler werden in 2-4 Mannschaften aufgeteilt und stellen sich nebeneinander an einer Beckenseite auf. Der Ball wird zwischen den gegrätschten Beinen, über die Köpfe oder seitlich nach hinten gereicht. Der letzte Schüler einer Reihe nimmt den Ball, transportiert ihn seitlich nach vorne, stellt sich an die Spitze der Reihe und reicht den Ball wieder nach hinten. Welche Mannschaft ist als erste an der gegenüberliegenden Beckenseite?

Wasserballretter

Der Lehrer sucht einen freiwilligen Fischer aus. Die restlichen Schüler sind Fische und fliehen. Die Fische dürfen sich 2-4 Bälle zuwerfen. Sie können nicht gefangen werden, sobald sie einen der Bälle festhalten. Fängt der Fischer jedoch ein Schüler ohne Ball, wird dieser Fisch zum nächsten Fischer.

Ring-Schwimmstaffel

Der Lehrer bildet 2-4 Staffeln. Diese stellen sich nebeneinander an einer Beckenseite auf. Auf ein Startsignal des Lehrers gehen oder schwimmen die ersten Schüler einer Mannschaft hin und zurück. Dabei müssen sie einen Tauchhring auf ihrem Kopf transportieren und dem zweiten Schüler ihrer Mannschaft nach ihrer Rückkehr übergeben. Fällt der Ring ins Wasser, darf der Schüler ihn wiederholen – egal wie. Welche Mannschaft steht zuerst wieder so wie zu Spielbeginn? (Auch als Pendelstaffel möglich!)

Wasserball

An den gegenüberliegenden Beckenrändern werden Tore, Matten oder Schwimmteller aufgestellt. Auch Pfosten können als Torbegrenzung genutzt werden. Oder man legt jeweils Reifen als Tore auf das Wasser an die Beckenränder.
Die Schüler werden in 2 Mannschaften aufgeteilt. Je ein Schüler ist Torwart. Es werden in die Beckenmitte 2-6 weiche, verschieden große Bälle geworfen, z.B. Wasserbälle. Wichtig: Bitte keine „harten" Bälle benutzen= Verletzungsgefahr! Aufgrund der Vielzahl der Bälle werden alle Schüler am Spiel beteiligt.
Regeln:

a) Der Ball darf nicht unter Wasser gedrückt werden.
b) Es ist nicht erlaubt, einen Gegenspieler festzuhalten, unter Wasser zu drücken, zu schlagen, ihm Wasser ins Gesicht zu spritzen.
c) Nach einem Treffer erhält der Torwart den Ball.

Regelverstöße werden mit Punktabzug bestraft.
Gewonnen hat die Mannschaft, die nach einer bestimmten Spielzeit mehr Tore erzielt hat. (Auch als Punkte-Staffelung möglich: Welche Mannschaft erzielt 5= Bronze, 10= Silber oder sogar 15 Tore= Gold?)

Wasserball-Technik:

1. Greifen: Lege die Hand auf den Ball. Drücke ihn etwas herunter und drehe dann schnell deine Hand.

2. Werfen: Führe den Ball nach hinten, springe etwas nach oben und wirf.

3. Fangen: Bewege den Arm mit dem Ball zusammen bis hinter deine Schulter und wirf zurück.

4. Dribbeln: Halte den Ball vor deinem Kopf und zwischen deinen Armen, während du kraulst.

Freies Spiel

Selbstverständlich sollten Sie auch freie Spielzeiten einplanen – am Anfang oder/und am Ende der Schwimmstunde. Stellen Sie zu diesem Zweck Spielgeräte bereit: Reifen, Tauchringe, Bälle, Flossen, Taucherbrillen, Schwimmbretter, Nudeln usw.